우리 땅 독도를 지킨 용감한 사람들

인물로 읽는 한국사

우리 땅 독도를 지킨 용감한 사람들

강변구 글 | 신진호 그림

초대하는 글

우리나라 지도를 보면 남해와 서해에는 수많은 섬이 있어요. 그에 비해 동해에는 섬이 별로 없어요. 바다 한복판에 울릉도와 독도만 눈에 띄지요. 특히 독도는 우리에게 특별한 의미가 있습니다. 바로 우리가 지켜야 할 소중한 영토를 상징하기 때문입니다.

독도를 잘 지키기 위해서는 그 역사를 알 필요가 있습니다. 언제부터 우리 영토가 되었고, 누가 빼앗으려고 했으며, 어떤 사람들이 터전을 잡고 살았는지 알아야 독도가 우리 땅이라는 것을 더욱 당당하게 말할 수 있을 테니까요.

그런데 독도는 혼자 떨어져 있는 섬이 아닙니다. 바로 옆에 있는 울릉도와 늘 함께했습니다. 마치 엄마와 아기가 서로 떨어지지 않고 꼭 붙어 있는 것과 같지요. 독도는 예나 지금이나 울릉도 사람들이 고기를 잡는 삶의 터전입니다. 농부에게 논밭이 있듯이 어부에게는 어장이 있습니다. 독도는 다른 누구도 아닌 울릉도 사람들의 어장인 것입니다.

독도의 진짜 이야기는 울릉도와 함께 바라볼 때 잘 이해할 수 있습니다. 삼국 시대에 신라의 이사부 장군은 거친 동해를 건너 우산국을 복속시켰습니다. 이로써 울릉도와 독도는 우리 한민족의 역사로 들어오게 됩니다. 조선 시대에 들어서면 섬을 비우는 '공도 정책'으로 울릉도가 무인도가 된 틈을 타 일본인들이 마음대로 드나들게 되는데, 동래의 어부 안용복이 용기와 기지를 발휘해 이를 막아 내지요. 그 후 조선 정부는 검찰사 이규원을 울릉도에 파견해 사람이 살 만한지 조사하게 합니다. 이규원의 헌신적인 노력 덕분에 조선 초부터 유지해 오던 공도 정책을 없애고 울릉도 개척 시대가 열렸습니다. 한국전쟁으로 혼란할 때 일본은 다시 독도를 탐내기 시작했습니다. 이때 울릉도 청년들이 독도 의용 수비대를 조직해 독도를 지켜 냅니다. 그리고 여전히 무인도였던 독도에 울릉도 주민 최종덕 씨가 집을 짓고 살기 시작합니다. 작은 돌섬이었던 독도가 마침내 사람이 사는 섬이 된 것입니다.

　이렇듯 울릉도와 독도는 따로 떼어 놓고 생각할 수 없습니다. 흔히 말하듯 독도는 '외로운 섬'이 아닙니다. 엄마 섬 울릉도가 늘 곁에 있었으니까요.

2021년 7월

강변구

차례

초대하는 글 4

이사부
신라 명장, 우산국을 정복하다 8

안용복
울릉도와 독도를 지킨 조선의 어부 36

이규원
울릉도 개척을 이끈 조선 검찰사 78

독도 의용 수비대
우리 땅 독도를 지킨 청년들 118

최종덕
독도의 첫 번째 주민이 되다 154

부록 일본은 왜 지금도 독도를 자기 땅이라고 주장할까 183

이사부

신라 명장, 우산국을 정복하다

동해를 신라의 바다로 만들자

512년 6월, 어느 여름밤이었다. 이사부가 산성에 올라 바다를 바라보았다. 파도는 잔잔했다. 구름 없는 하늘에 별이 총총 빛났다. 바람은 육지에서 바다 쪽으로 순하게 불었다. 깊은 밤이었지만 달이 밝아 성 아래 포구가 환했다.

군사 수백 명이 열을 지어 군선 십여 척에 올랐다. 각 군선의 부장들은 쇠비늘 갑옷에 칼을 차고, 병졸들은 창이며 활 따위의 병장기를 지녔다. 군사들이 걸을 때마다 발소리가 저벅저벅 울리고, 병기들이 달빛을 되비추며 번득였다.

이사부 장군은 신라 영토의 가장 북쪽 끄트머리인 실직(지금의 강원도 삼척)에 군주로 부임한 뒤 줄곧 고구려에 맞서 북쪽으로 영토를 넓히는 데 힘을 쏟았다. 동해안에서 신라가 고구려보다 우세해지자 이사부에게 새로운 임무가 주어졌다. 바로 동해를 건너 우산국을 정복하는 일이었다.

　신라 내물왕의 4대손이자 진골 김씨 가문 출신인 이사부의 앞날은 누가 보더라도 태양처럼 빛났다. 스무 살도 안 된 어린 나이에 가야의 소국을 정벌한 뒤로 이사부는 화려한 왕경에서 출세할 꿈에 부풀어 있었다. 그러나 지증왕은 이사부를 변방으로 보냈다. 왕은 나이 든 자신에 비해 거칠 것 없이 솟구치는 젊은 이사부를 경계했다. 한편으로는 훗날 신라의 재목으로 성장할 어린 장수에게 힘들고 중요한 일을 맡겨 왕에 대한 충성심을 시험할 목적도 있었다.

　이사부는 왕경을 떠나올 때 용맹한 부하 장교와 군졸들을 데려왔고, 실직의 젊은 남자들을 모아서 군사에 보태었다. 그 후 병사들을 훈련시키고, 튼튼한 싸움배를 여러 척 지었다. 군사들은 해류와 바람을 타고 배를 자유자재로 다룰 수 있을 때까지 훈련했다. 군사 중에서도 실직 사람들은 오랜 세월 동해에서 배를 다루어 본 경험이 있어 큰 도움이 되었다. 그렇게 하여 이사부가 부임한 지 7년이 되자, 동해안의 실직은 강한 해군을 가진 신라의 최전방 기지로 성장했다.

　병사들이 모두 배에 올랐다는 보고를 받고 이사부도 포구로 내려갔다. 때마침 바람이 더 강하게 불기 시작했다. 큰 장군선과 그 양옆으로 늘어선 배들이 마치 말이 어서 달려 나가려고 발굽으로 땅을 치는 것처럼, 선착장에 묶인 밧줄을 팽팽하게 잡아 끌었다.

 이사부가 장군선에 올랐다. 뱃머리에 높게 서서 배에 탄 군사들을 둘러보았다. 군사들의 얼굴이 모두 이사부를 향했다. 이사부는 카랑카랑한 목소리로 말을 시작했다.

 "너희는 모두 잘 들어라. 우리는 오늘 바다를 건너 싸움에 나선다. 목적지는 우산국이다. 바람이 지금처럼 잘 불어도 며칠이 걸리는 먼 곳이다. 이제껏 신라의 어떤 군대도 동해를 건너 본 적이 없다. 그러나 두려워하지 마라. 우리는 우산국을 정벌하여 동해를 신라의 바다로 만들 것이다."

 "야!"

병사들의 함성과 함께 큰 북이 둥둥 출발 신호를 울렸다. 배를 맨 줄이 풀리고 뱃전에서 노가 움직이기 시작하자 병사들을 태운 배들이 바다로 미끄러져 내려갔다.

"돛을 올려라!"

배들이 돛에 바람을 한껏 받으며 속력을 내기 시작했다. 이윽고 수평선이 점차 붉어지면서 둥그런 해가 올라왔다. 뱃머리에 올라선 이사부 장군의 쇠비늘 갑옷이 아침 햇빛을 되쏘며 번쩍번쩍 빛났다. 병사들에게 그 모습은 마치 하늘에서 내려온 사람 같았다.

우산국 정벌 계획

우산국은 동해 한가운데에 있는 섬나라였다. 지금의 울릉도와 독도, 두 섬이 우산국을 이루었다. 오랜 옛날, 2000미터 바닷속에서 터진 화산에서 용암이 흘러나와 쌓이고 쌓여서 바다 산을 이루었는데, 물 위까지 솟아 나온 꼭대기는 섬이 되었다. 독도가 먼저 생겨났고, 약 200만 년 뒤 울릉도가 만들어졌다.

우산국 사람들은 울릉도에 살면서 근처 바다와 독도에서 고기잡이를 했다. 섬 주변은 온통 깎아지른 낭떠러지라 배를 댈 만한 곳이 많지 않았다. 섬에는 넓은 들이 없어서 농사짓기가 어려웠다. 산비탈에 밭을 일구고, 여기저기 자라는 나물을 캐다 먹었다.

육지와 멀리 떨어진 바다 한가운데서 사람이 살아가는 것은 쉽지 않았다. 무엇보다도 울릉도에서 나는 곡식만으로는 식량이 늘 부족했다. 그래서 한반도 동해안 지역이나 동해를 둘러싼 주변 나라에서 식량을 구해 와야 했다. 그 대신 우산국의 토산품을 주었다. 이 교류가 막히면 우산국 사람들은 곧바로 먹고사는 일이 어려워졌다.

한반도에서 등뼈처럼 솟구친 태백산맥과 동해 사이에 좁고 긴 땅이 있었다. 고구려와 신라는 이 땅을 차지하려고 치열하게 싸웠다. 고구려가 위에서 내려찍는가 싶으면, 신라가 치받아 올랐다. 끝에 가서는 신라가 고구려를 밀어내고 동해안 땅을 차지했다. 실직은 동해안에서 몇 안 되는 큰 항구였다. 신라는 이곳을 영토의 가장 북쪽 경계로 삼고, 이사부에게 지켜 다스리도록 했다.

신라는 동해안 지역을 손에 넣고 나서, 우산국에게 왕의 신하가 되어 공물을 바치라고 요구했다. 곧, 앞으로 신라의 말을 고분고분 따르라는 뜻이었다. 그러나 우산국은 원래부터 동해안의 여러 작은 나라들과 자유롭게 교역하며 살았기 때문에 신라에 복종하지 않고 저항했다. 신라의 군대가 육지에서야 강할지 몰라도 먼바다를 건너 쳐들어오지는 못할 거라 믿었기 때문이다.

그 말도 맞았다. 나침반이 발명되기 전이라 먼바다에 나가면 배가 어디로 가고 있는지 정확한 방향을 알 수 없었다. 따라서 먼바다로 나가지 않고, 가까운 바다에서 눈에 보이는 육지와 섬을 기준 삼아 해안을 따라 항해하는 방법이 가장 안전했다.

신라는 실직을 점령하고서야 우산국 정벌을 계획할 수 있었다. 실직에서 정동 쪽으로 배를 몰아가면 우산국에 닿을 수 있기 때문이다. 실직은 당시 항해술로 가장 가깝고 안전하게 우산국에 닿을 수 있는 항구였다. 실직에서 동쪽으로 곧장 배를 몰되, 노를 젓고 바람을 받아 가면 사흘에서 엿새 정도 걸려 우산국에 닿을 수 있었다. 그런데 파도가 험하고 안개가 자주 끼었다. 게다가 항로가 조금만 빗나가면 망망대해에서 목적지를 놓치고 표류하기 쉬웠다.

우산국 사람들은 항해가 이토록 어렵다는 걸 잘 알고 있었기 때문에 신라가 쉽게 우산국으로 군대를 보낼 수 없을 거라 자신했다. 그래서 신라의 요구에 응하지 않았다. 하지만 신라는 우산국을 복속시키지 않으면 우산국이 언젠가는 고구려나 왜(지금의 일본)의 편을 들지도 모른다고 걱정했다. 실제로 고구려에서 동해를 건너 왜로 갈 때 우산국을 거쳐서 갔다. 따라서 우산국은 신라와 대결하고 있는 고구려와 왜의 외교 중간 지점이 될 수도 있었다.

만약 고구려가 우산국을 거점으로 삼아서 왜와 힘을 합쳐 신라를 공격한다면? 신라가 차지한 동해안은 남북으로 긴 땅이기 때문에 지켜 내기가 쉽지 않았다. 동해안을 방어하러 군대가 출동한 사이에 왕경으로 바로 침입해 온다면? 신라는 생각만 해도 끔찍했다. 신라에게 고구려는 한반도 안에서 결판을 내야 할 적국이었고, 바다 건너 왜는 오랫동안 신라를 괴롭혀 온 큰 골칫거리였다. 이 둘이 힘을 합해 남북으로 협공을 해 온다면 신라는 나라가 위태로워질 게 분명했다.

신라는 고구려와의 싸움에서 이기기 위해 동해를 완전히 지배해야 한다고 마음먹었다. 그러기 위해서는 어떤 일이 있어도 우산국을 정복해야 했다.

힘이 아닌 꾀로 이겨야 한다

이사부를 실은 배가 항구를 떠나온 지 사흘째였다. 해안이 시야에서 사라진 후 낮에는 태양을 보고, 밤에는 별을 기준 삼아서 동쪽으로만 왔다. 여름에 부는 남동풍은 오히려 항로를 방해했다. 순풍을 받지 못할 때는 차라리 돛을 내려 버렸다. 병사들은 새벽부터 노를 저었다. 머리 위에서 한여름 뙤약볕이 사정없이 내리쬐었다. 병사들은 목이 말랐지만, 바다 위에서는 먹을 물이 귀하기 때문에 참을 수밖에 없었다. 이사부는 병사들을 한번 둘러보고는 길잡이에게 꾸짖는 소리로 말했다.

"벌써 사흘째인데, 아직 우산국이 보이지 않으니 어찌 된 셈이냐? 네가 방향을 잘 보고 있느냐?"

길잡이는 원래 군인이 아니라 실직에서 오랫동안 바다를 누빈 늙은 어부였다.

"바람이 제대로 불지 않아서 배가 자꾸 처집니다. 다행히 날이 맑아 해를 보고 제대로 가고 있구먼요. 뱃길의 절반을 넘게 오면 우산국이 보이는 법인데, 여태껏 그만치 못 온 것입니다."

아직 절반도 못 왔다는 길잡이의 말에 옆에 선 부하 장교들이 이사부 장군의 얼굴을 보며 눈치를 살폈다.

이사부는 짧으면 사흘, 길면 엿새를 잡고 항해를 준비했다. 그러나 군사들은 물론이고 이사부 자신도 이렇게 먼바다까지 나와 본 적이 없었다. 길잡이 노인의 말이 맞다면 지금 같은 속도로 사흘을 더 가야 한다. 갈 길이 멀다고 해서 배에 물과 식량을 무한정 실을 수는 없었다. 그러면 배가 무거워져 항해 시간이 더 오래 걸리기 때문이었다.

무엇보다도 노를 젓느라 지쳐 가는 병사들이 걱정이었다. 배가 파도에 쉴 새 없이 뒤뚱거리니 군사들이 한시도 제대로 서 있을 수가 없었다. 파도가 뱃전을 넘어 들이쳐서 군복이 소금물에 흠씬 젖었다. 거기에 몇몇 군졸들은 새삼스레 뱃멀미까지 했다. 노 젓기에 어지간히 단련된 군사들이었으나 손에 감은 헝겊에 벌건 진물이 배어 나오고 있었다.

출항을 준비할 때 이사부는 자신감에 차 있었다. 우산국에 닿기만 하면 그들을 무릎 꿇리기 어렵지 않을 것 같았다. 외딴섬에서 싸울 사람이 몇이나 될 것이며, 병기 역시 제대로 갖추지 못했을 것이라 짐작했다. 섬 주민들 중에서 무기를 들 수 있는 사람이 다 나와서 싸운다고 해도 신라의 군대와 맞설 수는 없을 것이었다.

출항을 준비하면서 이사부는 휘하 장교들과 작전 회의를 했다. 자신의 생각이 이미 정해졌기에 먼저 장교들부터 말하게 했다.

눈빛이 날카로운 장교가 먼저 입을 뗐다.

"우산국은 섬 둘레가 모두 절벽이고, 배를 댈 곳이 조그만 해안 두어 군데로 정해져 있다 합니다. 그러니 우리 군사들이 상륙했을 때 적들이 근처 숲에 몸을 숨기고 활을 쏘면 피해가 없지 않을 것이옵니다."

"그렇지. 그들이 망을 보다가 바다에 있는 우리를 발견한다고 해도 대군에 맞서 섣불리 배를 띄우지는 못할 것이다. 섬에 숨어 있다가 상륙할 때를 노려 공격할 법하다."

얼굴이 퉁퉁히 살찐 장교가 곧바로 차례를 이었다.

"그놈들이 절벽의 동굴 속에 조각배를 숨겨 두었다가 밤을 틈타 몰래 다가와 불을 지르기라도 하면……."

신참 장교도 빠지지 않고 한마디 거들었다.

"군사들을 잃을 것을 염두에 두고 섬에 상륙한다고 해도 섬의 지리를 알지 못하니 어디로 길을 잡아 나아갈지, 어디를 점령할지 도통 혼란스러울 것입니다. 그들이 길목에 몸을 숨겼다가 일시에 활을 쏘고 흩어지는 전법을 쓴다면 완전히 복종시키기가 매우 어려울 듯합니다."

이사부는 아무 말도 하지 않고 고개만 끄덕였다. 장교들이 이번 싸움을 두려워한다는 걸 알았기에 미리 생각을 떠보느라 의견을 말하게 한 것인데, 아니나 다를까 불리한 점을 주로 드러내어 말했다.

"우산국인들이 여태껏 신라에 복종하지 않은 것은 험한 바다와 섬의 지세를 믿은 까닭이다. 이는 곧 바다의 방벽을 넘고 나면 그들은 우리의 적수가 되지 못한다는 뜻이다. 너희가 걱정할 바는 오로지 저 바다를 어찌 건너느냐이다."

장교들은 이사부의 입만 쳐다볼 뿐 다른 말이 없었다. 지략이 뛰어나기로 이름난 이사부 장군이 싸움에서 이길 방도를 이미 찾았다는 게 그의 말에서 느껴졌다.

"바다를 무사히 건너 우산국에 닿는다 해도 너희 말대로 섬에 오른 뒤에는 오히려 불리한 점이 많다. 그래서 우리는 섬에 오르기 전에 이겨야 한다."

장교들은 어리둥절했다.

"우산국인들이 바다로 나오지 않을 것이라 하셨는데, 어찌 물 위에서 싸워 이긴다는 말씀이옵니까?"

"우리는 물 위에서도 싸우지 않는다. 우산국 앞바다에 이르기만 하면 우리는 싸우기도 전에 이길 수 있다. 우산국 사람들은 어리석고 사납다. 그런 적은 오히려 힘으로 무릎 꿇리지 말고 꾀로 이겨야 한다."

"장군, 그 꾀가 무엇이옵니까?"

"우산국에 이르면 알게 될 것이니라."

'대체 장군의 전략은 무엇이기에 우리에게도 말해 주지 않는 것일까?'

장교들은 서로 얼굴을 쳐다보며 고개를 갸우뚱했다.

드디어 우산국에 이르다

항해 닷새째. 이른 새벽부터 안개가 심하게 끼었다. 이사부 주변의 배들이 부연 안개 속으로 들어갔다 나왔다 했다. 철벅철벅 노 젓는 소리로 배들이 가까이 있다는 걸 알 뿐이었다. 여전히 우산국은 보이지 않았다. 길잡이 노인이 근심 어린 표정으로 안개 속에서 방향을 찾았다. 이사부는 점차 초조해졌다.

'오늘 낮까지 우산국이 보이지 않으면 분명 표류하는 게다. 이대로 해류를 타면 필시 왜국으로 흘러가 버릴 텐데, 큰일이다. 무기를 지닌 우리를 분명 경계하지 않겠나. 그렇게 되면 뜻하지 않게 왜국과 전투를 벌일지도 모른다. 혹시 실직으로 배를 돌릴 수 있을까? 그러기에는 물도, 식량도 넉넉지 않다. 게다가 이미 병사들이 너무 지쳐 있다. 이런 상태로 우산국에 내린들 싸움을 제대로 해낼 수 있을지……. 대엿새 동안 노를 젓고 바다에 시달린 병

사들이 무슨 힘으로 적과 싸울 것인가.'

이사부는 안개 속에서 배들이 흩어지지 않도록 가까이 모여서 항해하도록 했다. 장군선의 뱃머리에 서서 보니, 병사들 몇몇은 이미 지쳐서 쓰러져 있었다.

'우산국이 바다를 믿고 신라를 거역한 까닭을 알 만하구나. 어쩌면 이번 원정은 실패할지도 모른다. 그렇다면 나는 죽어서 바다의 용이 되어 신라를 도우리라!'

어느덧 해가 높이 떴다. 햇살이 뜨거워지자 안개가 점차 흩어지고 시야가 뚜렷해졌다. 그때 까마득한 수평선 위에 삿갓 모양으로 거뭇한 것이 비치었다.

"저것은…… 우산국이다!"

길잡이 노인이 소리쳤다.

"와, 와!"

병사들은 서로 얼싸안고 기뻐했다. 저마다 이제 살았다며 안도하는 표정을 지었다. 이들은 원정군이 아니라, 마치 오래 표류하다가 육지를 발견한 고깃배의 선원들 같았다.

이사부는 북을 울리게 하고, 큰 소리로 병사들에게 명령했다.

"자, 힘을 내서 노를 저어라. 눈에 보이는 저곳이 우리의 싸움

터이다. 저들이 곧 우리를 발견할 터이니 방어를 갖추기 전에 당도해야 한다!"

때마침 순풍이 불어왔다. 둥둥 북소리와 함께 배는 최고 속력을 내며 달렸다. 반나절 정도 지나 해가 머리 꼭대기에 올랐을 무렵, 바닷물의 빛이 검어지고 하늘에는 갈매기가 날았다. 수평선에 조그맣게 비치던 우산국이 이제 거대한 산처럼 눈앞에 우뚝 솟아 있었다. 이사부 함대는 출항 닷새 만에 드디어 우산국 앞바다에 이르렀다.

우산국 정복을 넘어 삼국 통일로

우산국 앞바다에 이르러 살펴보니 깎아지른 바위 절벽 사이에 좁은 해변이 있었다. 그 주변에는 엎드린 짐승이나 큰 기둥 같은 신기한 모양의 바위가 많았고, 뒤로는 곧바로 울창한 숲이었다. 또한 숲속에 계곡이 있어 물이 바다로 흘러나왔고, 계곡 양편을 따라 낮은 집들이 줄지어 있었다. 마을은 쥐 죽은 듯 고요했다. 그중 한 집 굴뚝에서 연기가 피어올랐다.

이사부는 밥 짓는 연기가 나는 것을 보고, 우산국 사람들이 방비를 차릴 틈도 없이 급하게 달아났다는 걸 알아챘다.

이사부는 목청 큰 부하 장교에게 자신이 하는 말을 우산국인들에게 전하라고 명령했다.

"우산국인들은 들어라! 우리는 신라의 군사들이다. 그동안 너희들이 임금의 신하 되기를 거부하고 공물을 바치러 오지도 않았기에 우리가 직접 벌하러 왔다."

장교는 큰 소리로 이사부의 말을 전했다. 숲에서는 아무런 움직임이 없었다.

"나 이사부는 군사들을 풀어 너희 땅을 모조리 짓밟겠다. 너희의 집을 태우고 가축을 죽일 것이요, 사람은 누구 하나 살아남지 못할 것이다. 우두머리는 지금 나와서 무릎을 꿇어라. 그러지 않으면 이 섬은 사람이 살 수 없는 곳이 된다."

장교는 이사부의 말을 따라 외다가 흠칫 놀라 머뭇거렸다. 그도 그럴 것이 신라 조정에서는 우산국을 정복하고 해마다 공물을 받되, 그곳은 우산국 사람들이 다스리는 곳으로 둘 작정이었다. 이사부의 말처럼 섬을 아예 텅 비워 버린다면, 우산국은 뜻하지 않게 주변 나라들의 손아귀에 들어갈 수도 있었다.

"어서 말을 전하지 않고 무엇 하느냐!"

장교가 꾸지람을 듣고는 이사부의 말을 다시 따라 외쳤다. 곧바로 이사부는 힘 좋은 궁수에게 명령했다.

"저기 집들에 불화살 하나를 쏘아라."

명령이 떨어지자 화살이 허공을 가르며 날아가 지붕에 정확히 떨어졌다. 불이 번지면서 집이 타기 시작했다.

"몇 발 더 쏘아라."

불화살이 슉슉 소리를 내며 날아갔다. 마을에 불이 점점 크게 번져 갔다. 그때 숲속에서 건장한 체구의 장수와 졸개들이 걸어 나왔다. 장수는 옷차림이 훌륭하고 허리에 짧은 칼을 차고 있었다. 그가 바로 우산국의 지도자였다.

'옳다. 이제 나오는구나.'

우산국의 장수와 졸개들이 거룻배를 타고 이사부의 함대 가까이 다가왔다. 이사부는 그들을 배 위로 오르게 했다. 장수는 이사부 앞에 무릎을 꿇었다.

"장군, 저희가 어리석어 왕의 뜻을 따르지 못했사오니 용서하시오. 이제 우산국은 신라의 신하가 되겠소이다. 그러니 우리네 사람들은 해치지 말아 주시오."

"너희가 그동안 험한 바다를 믿고 왕명을 거역한 죄는 죽어 마땅하다. 허나, 하늘 아래 사방이 모두 신라의 덕이 미치는 곳이니, 동쪽 끝 우산국 사람들도 이제부터 왕의 덕을 입느니라."

엄한 호령에 우산국의 장수는 머리를 더욱 깊이 조아렸다. 이사부의 우산국 원정이 성공하는 순간이었다. 옆에 선 장교들은 이사부가 말해 주지 않았던 꾀가 무엇인지 그제야 깨닫고 장군의 지략에 감탄했다.

우산국은 신라에게 복종하는 뜻으로 매년 토산물을 공물로 바쳤다. 그렇다고 해서 우산국이 멸망한 것은 아니었다. '우산국'이라는 이름 아래 사람들이 그대로 살되, 다만 신라에 복종하는 나라가 된 것이다.

우산국을 복속시킨 뒤에야 신라는 동해를 온전히 차지할 수 있었다. 고구려는 동해에서 마음대로 배를 띄울 수 없었다. 동해안을 따라 내려오는 길이나 우산국을 거쳐 먼바다를 건너가는 길이나 모두 신라의 영역을 지나기 때문이었다. 따라서 더 이상 동해안을 놓고 신라와 다툴 수 없게 되었다. 늘 눌려 지내던 신라가 이때부터 비로소 당당히 고구려에 대항할 수 있게 되었다.

동해가 신라의 바다가 된 뒤로 가야를 비롯해 여러 지역들 사이의 교역에서 신라가 주도권을 갖게 되었다. 자연히 신라는 부유해졌다. 또한 우산국을 비롯한 동해안 여러 지역에서 식량과 소금, 어물 같은 토산품을 거두어들였다. 이렇게 힘을 기른 신라는 가야를 정복하고 소백산맥을 넘어 한강 상류를 차지했다. 이처럼 신라가 삼국을 통일한 바탕을 되짚어가면 이사부의 우산국 정복이 있었다.

이사부

512년
이사부 장군, 승전고를 울리며 돌아오다!

지난 6월, 신라에 큰 경사가 났다. 실직의 군주 이사부 장군이 동해를 건너 우산국을 정벌하고 돌아온 것이다. 승전보가 전해지자 지증왕은 크게 기뻐하며 조정 신하들에게 잔치를 준비하라고 명했다. 마침 오늘 이사부 장군이 승리를 보고하기 위해 조정에 들어왔다. 이때 나울릉 기자가 이사부 장군을 어렵게 만났다.

이사부 표준 영정
이사부는 신라의 제17대 왕인 내물왕 4대손으로, 실직의 군주가 되어 우산국을 정벌한 장군이다.

축하드립니다. 장군의 승리에 온 신라가 환호하고 있습니다.

감사합니다. 모두 임금님의 은혜와 동해 용왕님께서 보살펴 주신 덕분입니다.

장군께서 나무로 만든 큰 사자 모형을 배에 태워 갔더니 우산국인들이 겁을 먹고 항복했다는 소문이 있는데, 사실인가요?

글쎄요, 그랬다 한들 우산국인들이 단지 나무 모형이란 걸 못 알아봤을까요. 아마 제가 군사를 풀어 섬을 짓밟겠다고 위협한 게 그리 소문이 난 모양입니다.

직접 전투를 지휘하신 장군으로서 이번 정벌의 의미를 어떻게 보십니까?

신라는 북으로는 고구려, 남으로는 왜의 공격에 직면하고 있습니다. 만약 이 둘이 힘을 합친다면 매우 위험해지지요. 우산국은 동해에서 고구려와 왜가 서로 만날 수 있는 곳입니다. 이번에 신라가 우산국을 정복한 것에는 그런 위험을 막고, 앞으로도 동해를 완전히 지배할 수 있게 되었다는 의미가 있습니다.

장군께서는 여러 차례 전쟁에서 승리한 경험이 있으시지요. 이번 정벌의 성공 확률은 얼마 정도로 예측하셨습니까?

솔직히 말씀드리면, 정벌의 결과를 전혀 예측할 수 없었습니다. 성공과 실패는 오직 바다에 달려 있었지요. 다행히 정벌에 성공하여 바다의 용왕님께 감사를 올리고 싶습니다. 이번 정벌에서 가장 어려웠던 점은 정확한 항로를 잡아 배를 몰고 가는 것이었습니다. 동해를 많이 다녀 본 실직의 군사들 덕분에 무사히 바다를 건널 수 있었지요.

이번 정벌 후에 우산국은 신라와 어떤 관계를 맺게 되나요?

우산국이 신라의 영토가 되는 것은 아닙니다. 우산국은 작은 나라로서 계속 남아 있게 됩니다. 하지만 매년 신라에 공물을 바치고, 신라 왕의 명령에 따라야 합니다. 관리를 파견하여 다스리기에는 바다를 건너 왕래하기가 너무 어렵기 때문입니다.

장군께서는 지체 높은 왕족 가문 출신이고, 전쟁에서 많은 공을 세우신 분입니다. 신라의 가장 북쪽 국경 지대에서 근무하시기에 힘들지 않으셨는지요?

적국인 고구려와 국경을 맞대고 있는 외딴 지역에서 외롭고 힘들지 않았다고 하면 거짓말이겠지요. 왕께서 저에게 실직으로 가라 하셨을 때, 솔직히 이런 생각도 했습니다. '혹시 나를 왕경에서 멀리 떨어뜨려 놓으시려는 걸까.' 하지만 근무지에 간 뒤로는 오직 임무를 충실히 하는 데 온 힘을 바쳤습니다.

앞으로 어떤 계획이 있으신지 궁금합니다.

이제 동해가 우리 손에 들어왔으니 서라벌의 동쪽 방면이 안전해졌습니다. 이제 신라는 소백산맥을 넘어 북쪽의 고구려와 서쪽의 백제 땅으로 뻗어 나가야 할 때입니다. 저는 신라가 삼국을 통일하는 그날까지 말고삐를 쥐고 놓지 않을 것입니다.

이사부 장군의 말씀을 들으니 삼국이 통일될 날이 가까워진 듯합니다. 하루빨리 전쟁이 끝나야 백성들이 편히 살 수 있겠지요. 오늘은 신라가 우산국을 정복한 기쁜 날이니 모두 함께 즐기시기 바랍니다. 이상, 실직에서 나울릉 기자가 전해드렸습니다.

이사부 우산국 정복 출항지 기념비
2012년 강원도 삼척시 오분동 오십천 하구에 세워진 기념비로, 신라 장군 이사부의 우산국 복속 1500주년을 기념하여 건립되었다.

안용복

울릉도와 독도를 지킨 조선의 어부

울릉도는 우리 땅이오

1693년 4월 18일, 울릉도의 북쪽 포구에 일본 전마선 한 척이 정박해 있었다. 전마선 위에서 일본인 한 패거리가 조선 어부 두 명을 둘러쌌다.

"이것이 대체 무슨 짓이오. 우릴 다시 내려 주시오!"

"순순히 따라와. 안 그러면 아무도 모르게 바다에 던질 테니까."

몇 번의 실랑이가 오가는 사이에 배가 물에 뜨더니 본선인 다케시마호로 나아갔다. 조선 어부들은 꼼짝없이 잡혀가는 신세가 되었다. 다케시마호는 곧바로 출발했다. 뒤늦게 조선 고깃배들이 따라붙었으나 얼마 못 가 포기할 수밖에 없었다. 위험한 바다 위에서 섣불리 추격전을 벌이다가는 물귀신이 될 수도 있었다.

조선인들을 납치한 일본인들은 오오야 가문의 어부들이었다. 일본 돗토리번(지금의 돗토리현, '번'은 영주가 다스리던 땅을 가리킨다)의 요나고라는 고을에서 70년 전부터 오오야 가문과 무라카와 가문이 번갈아 가며 해마다 한 차례씩 울릉도와 독도로 와서 전복을 따고 강치를 잡았다. 지난해에 무라카와 가문이 울릉도에 왔을 때 조선인들이 먼저 와서 일하는 바람에 허탕을 쳤는데, 올해 오오야 가문이 왔을 때도 마찬가지였다. 이들은 밤이 되자 선실에 모여 대책을 의논했다.

"이거 무척 곤란한걸. 작년에도 조선인들 때문에 허탕을 쳤는데, 올해도 빈 배로 돌아가면 우리는 큰 벌을 받을 거야. 조선인들 때문에 전복을 잡을 수 없었다고 하면 믿어 줄까? 작년에는 선주님이 '너희 목숨이 아까워서 빈 배로 돌아왔느냐.'고 호통치는 정도로 그쳤지만, 올해는 우리 목이 남아날지 모르겠어."

"우리 말을 못 믿겠다고 한다면, 조선인들을 증거로 잡아가자."

"아니, 남의 나라 사람을 함부로 데려갔다가 어쩌려고."

"이 사람 아직 태평이구먼. 울릉도에 배를 한 번 띄우는 데 들이는 돈이 얼마인가. 선주님과 번에 계신 높은 분들은 손해를 우리 목숨으로 대신 메우려 할 거야. 그리고 전복은 에도(지금의 도쿄)로 진상하는 품목인데, 그걸 구하지 못하면 더 큰일이라고."

"어쩔 수 없군. 내일 섬을 한번 돌아보자. 젊고 힘센 선원들 몇 명을 추려서 말이야."

조선 배들이 더 이상 쫓아오지 않자, 일본 어부들은 안심하고 조선인 두 명에게 심문을 시작했다.

"당신들은 다케시마에 어찌해서 왔지?"

조선인 가운데 한 명이 대답하는데 일본말을 유창하게 잘했다.

"우리는 부산포의 관청에서 전복을 따서 바치라는 지시를 받고 왔소. 어느 섬에 가서 따라는 지시는 없었으나, 작년에 이 섬에 왔던 자들이 엄청나게 많은 전복과 미역을 따 온 것을 보고 우리도 온 것이오."

"전복이라고? 우린 작년에 이어 올해도 전복을 하나도 따지 못하고 빈손으로 돌아가게 되었다. 그건 너희가 먼저 와서 어장을 망쳐 놓은 탓이야."

"울릉도는 우리 땅인데, 당신들은 왜 우리를 끌고 가시오?"

"너희 땅이라니 무슨 소리야. 다케시마는 옛날부터 우리 어장이었어. 너희 둘은 우리가 전복을 잡지 못한 이유가 조선인들 때문이라고 변명할 때 쓰일 증거야. 얌전하게 굴면 다치게는 하지 않을 테니 걱정 말라고."

바람을 받아 배는 쉬지 않고 나아갔다. 조선인 중 한 명은 뱃멀미 때문에 누워 버렸고, 일본말로 대답하던 사람만 정신을 차리고 있었다. 그는 이튿날 배 위에서 돌섬 하나를 가까이서 보았다. 그 섬은 바로 독도였다. 일본 어부들은 자기네 고장에서 출발해 북쪽으로 곧장 올라와서 독도를 거친 다음 울릉도까지 왔다. 이제는 그 길을 되짚어가는 중이었다.

일본에 납치된 조선인 어부

 다케시마호가 울릉도에서 출발한 지 이틀 만에 일본 오키섬에 도착했다. 오키섬은 요나고라는 고을의 바로 앞에 있는 섬인데, 요나고에서 울릉도로 갈 때 배가 바람을 기다리는 곳으로 항해의 안전을 기원하는 절이 세워져 있었다.
 다케시마호가 오키섬에 도착하자, 곧 관아에서 사공들에게 조선인들을 데려온 까닭을 써서 내라고 명했다. 그러자 선장이 난감한 표정을 지으며 조선인들에게 직접 물어보면 어떻겠냐고 했다.
 관리는 일단 조선인들을 먼저 심문했다. 이번에도 역시 일본어에 능숙한 사람이 대답했다.
 "저는 동래에 사는 안용복이라고 합니다. 같이 있는 저 사람은 울산 사람 박어둔이고요. 우리는 전복을 따라 울산에서 출발해 울릉도에 온 어부들입니다. 섬에서 여러 날 일하는 동안 잠을 잘 수 있게 작은 오두막을 짓고, 박어둔에게 지키게 했습니다. 그러한 중에 4월 17일, 일본 배 한 척이 나타났습니다. 배에서 내린 작은 전마선을 타고 일고여덟 명이 섬에 왔습니다. 그 사람들이 저희 오두막까지 와서 박어둔을 잡아 배에 태웠습니다. 그때 오두막 안에 놓아두었던 보따리 하나를 가지고 배에 실어 나가려고 했습니다. 제가 그 모습을 보고 급히 가서 말렸습니다. '우리네 사람을 육지로 내려 주시오.'라고 말하고, 전마선에 저도 올라탔습니다. 그런데 저 사람들이 서둘러 배를 물에 띄우는 게 아니겠습니까! 이렇게 저와 박어둔은 꼼짝없이 잡혀서 큰 배에 옮겨 태워졌습니다. 그러고는 서둘러 그곳을 떠났습니다."

안용복은 동래에 사는 어부이며, 전라좌수영 수군에 소속된 노꾼이었다. 가난한 처지에 울릉도에 가면 큰돈을 벌 수 있다는 말을 듣고 왔다가 뜻하지 않게 납치당한 것이다. 다행히 안용복은 왜관에 자주 드나들며 일본말을 익혀 두었기에 원하는 대로 거침없이 말할 수 있었다.

선장은 무척 당황했다. 안용복이 위세에 눌려 다시는 다케시마(울릉도)에 오지 않겠으니 어서 고향으로 보내 달라고 빌 줄 알았는데, 자신이 부당하게 납치당했다는 것을 관리 앞에서 유창한 일본말로 똑똑히 말했기 때문이다. 일본 어부들은 변명거리로 삼으려고 조선인을 납치한 행동이 앞으로 조선과 일본 두 나라 사이의 중대한 사건으로 번질 줄은 전혀 예상하지 못했다. 사태가 심각하다는 것을 파악한 관리는 선장에게도 심문을 했다.

"작년처럼 조선인이 또 와 있을지 모르기 때문에 다케시마에 바로 내리지 않고 사람을 먼저 보내서 섬을 살펴보게 했습니다. 역시나 꽤 많은 전복과 미역이 널려 있는 곳이 있었고, 그 주변에 다 떨어진 짚신도 벗겨져 있었습니다. 의심할 것 없이 우리 배보다 먼저 조선인이 왔다는 걸 알았지요. 다음 날 아침에 섬을 조사하는데, 임시로 만든 헛간 안에 한 사람이 있었습니다. 그에게 '전복과 미역을 엄청 많이 따 두었는데, 어찌 된 일이냐?' 하고 물었으나 말이 전혀 통하지 않았습니다. 그 사람을 우리 배에 태우고 다른 곳을 조사하다가 우리 말을 할 줄 아는 나머지 한 사람도 배에 태우게 되었습니다. 원래 다케시마는 바다가 험한 곳이므로 언제 파도가 일지 몰라서 급히 본선으로 되돌아왔고, 외국인 두 명도 함께 태웠습니다. 저희가 의논하기를, '작년에 조선인들에게 다시 오면 안 된다고 단단히 일러두었는데 또 우리보다 앞서 와서 일을 방해하니 가만둘 수 없다. 이 두 사람을 데리고 가서 위에다 자세히 말씀드리고 막부(당시 일본의 중앙 정부)의 결정을 기다리자.'라고 했습니다."

선장은 조선인들을 배에 태운 것이 험한 파도 탓이었다고 얼버무리면서, 자기들이 한 행동의 뒷감당을 관청으로 슬그머니 떠밀기까지 했다.

관리는 조사를 끝내고 곧바로 돗토리번에 내용을 보고했다. 이들은 안용복과 박어둔을 사흘 정도 오키섬에서 더 머무르게 한 뒤 나흘째에 자신들의 본거지인 요나고에 데리고 들어왔다.

해금령을 어긴 죄인이 살길은

보고를 받은 돗토리번은 막부에서 지시가 있을 때까지 조선인들을 오오야 가문의 집에 가두어 놓고 감시하라고 명령했다. 그때부터 안용복과 박어둔은 크고 낯선 집의 방 안에 갇혀서 지냈다. 그래도 다행히 죄수 취급을 받지는 않았다. 음식과 옷은 물론 술까지 부족하지 않게 넣어 주었다. 다만, 마음대로 밖으로 나갈 수가 없으니 답답한 노릇이었다. 안용복은 하루 종일 방 안에 있으면서 온갖 생각이 떠나지 않았다.

'조선으로 가면 우리는 분명 처벌을 받겠지?'

나라에서는 먼바다로 나가는 걸 법으로 금지했다. 그러나 울릉도에 한 번만 갔다 오면 꽤 많은 돈을 벌 수 있으니, 동해안은 물론이고 남해안의 경상도와 전라도 배들까지도 몰래 울릉도를 드나들었다. 일본인들에게 납치된 것은 분하지만, 어찌 되었든 나라

법을 어긴 죄를 면하기는 어려울 성싶었다. 안용복은 울산에 사시는 어머니 생각에 마음이 더욱 무거웠다. 그러나 낙심만 하고 있을 수는 없었다. 다행히 안용복은 주변 사람들이 하는 말이며 눈치로 지금 일이 어떻게 되어 가는지 대강 짐작해 낼 수 있었다.

'일본 어부들은 울릉도를 자기네 어장으로 여기는구나. 작년에도 조선인들 때문에 허탕을 쳤다면, 이들이 울릉도에 온 것이 한두 해의 일이 아니다. 울릉도와 독도는 예부터 우리 땅이거늘, 사람이 살지 않는 틈을 타 몰래 드나든 거로구나. 가만 보자…… 오호라! 조선 어부 몇이 해금령을 어기고 울릉도에 건너간 것이 중하냐, 일본 사람들이 조선 땅에 침입한 것이 중하냐? 내가 나라님이라면 어부들에게야 곤장이나 몇 대 내리겠지만, 일본을 상대해서는 쉽게 넘어가지 않을 것이다. 그렇다면 나는 해금령을 어긴 죄인이지만, 동시에 일본이 우리 땅을 침범한 것을 똑똑히 본 증인이기도 하다.'

안용복은 눈이 번쩍 뜨이며 살길이 보이는 것 같았다. 하루는 안용복이 밥 들여오는 하인을 불러 세웠다.

"이보게, 여기 주인어른을 좀 불러 주게."

"주인어른은 왜 찾으십니까?"

"대체 죄 없는 사람을 언제까지 붙들어 둘 작정인지 내가 직접 관아에 가서 따져야겠네."

관아란 말이 나오자 하인은 화들짝 놀라더니 종종걸음을 치며 되돌아갔다. 곧이어 건장한 하인 여럿이 나타나더니 방문 앞을 지키고 섰다. 안용복은 울화가 치밀었다. 문간에 서서 고래고래 고함을 쳤다.

"이놈들! 너희가 대체 누구이길래 남의 땅에 들어와서 사람을 마음대로 납치해 가느냐? 내가 조선으로 돌아가거든 사실대로 모두 고해바칠 것이다."

집주인은 안용복이 소리치는 것을 그대로 듣고 곤혹스러운 표정을 지었다.

'아이고, 골치 아프구나. 저것이 바닷가의 무지렁이인 줄 알았더니 보통내기가 아니다. 에도에서는 어찌 여태 소식이 없을까?'

에도에서는 이미 명령이 떨어져 있었다. 그러나 파발꾼이 멀고 먼 에도에서 돗토리번으로 명령서를 갖고 온 것은 그로부터 열사흘이나 지난 뒤였다. 그리고 안용복과 박어둔이 오오야 가문의 집에 갇혀 지낸 지 한 달하고도 하루 되는 날이었다. 명령의 내용은 이러했다.

작년에 조선인이 다케시마라고 하는 곳에 고기잡이하기 위해 건너온 것을 발견하고 다시는 건너오지 말라고 일러두었는데, 올해 또 조선인 약 40명 정도가 건너왔으므로 그중 두 사람을 붙잡았다고 들었다. 이에 즉시 조선인들을 나가사키로 보내어 쓰시마를 거쳐 조선으로 건네주도록 하라. 앞으로는 건너오지 않도록 하라고 쓰시마에 전하라.

일본은 어부들이 안용복 일행을 데려왔던 길로 바로 돌려보낼 수는 없었다. 조선과 일본 사이에는 쓰시마라는 섬이 있는데, 쓰시마번에서 두 나라 사이의 외교를 담당했다. 그래서 간혹 바다에서 떠내려가다 일본에 닿는 조선 사람이 있으면 반드시 나가사키를 거치고 쓰시마를 통해 조선에 보내 주었다. 안용복도 그러한 규칙에 따라 조선으로 돌려보내야 했다.

공을 세워 죄를 덮으리

돗토리번의 관리는 안용복과 박어둔을 오오야 가문의 집에서 빼내어 돗토리성 아래의 마을로 데리고 왔다. 먼 여정을 나서기 전에 채비를 차리기 위해서였다. 안용복과 박어둔은 마을의 정회소(마을 회관 같은 곳)에서 일주일 동안 묵었다.

이때 돗토리번 관아에서는 특별히 명령을 내렸다. 안용복 일행이 이동하는 중에 행패를 부릴지도 모르니 마을 주민들은 나와서 구경하지 말라고 한 것이다. 특히 여자와 어린아이들은 더욱 조심하라고 당부했다. 안용복이 오오야 가문의 집에서 부당하게 갇혀 있었던 일을 항의한 것을 두고서, 안용복 일행을 난폭하고 위험한 행동을 할 사람들이라고 여겼기 때문이다.

마침내 쓰시마를 향해 출발하는 날이었다. 안용복과 박어둔은 가마꾼들이 앞뒤에서 드는 가마를 탔다. 그리고 두 사람에게 각기 수행자와 짐꾼이 딸려 갔다. 일행을 위한 의사와 요리사도 있었다. 행렬은 모두 16명으로 그 규모가 마치 벼슬아치의 행차 같았다. 안용복은 내내 갇혀 있다가 바깥 공기를 쐬는 것도 반가웠는데, 양반님네처럼 가마까지 타니 기분이 썩 좋았다. 그러나 거리는 텅 비어 있었다. 간혹 창문을 빼꼼히 열고 내다보는 사람이 있었지만, 안용복이 쳐다보자 곧바로 탁 닫아 버렸다.

쓰시마로 가기 위해서는 먼저 나가사키를 거쳐야 했다. 돗토리 번에서 일본의 서쪽 끝에 위치한 나가사키까지는 아주 먼 길이었다. 스무 날 넘게 가마를 탄 채, 들을 지나고 강을 건너고 고개를 넘었다. 그동안 안용복과 박어둔은 조선과는 다른 일본의 특이한 경치를 실컷 구경할 수 있었다. 두 사람은 점점 조선과 가까워지고 있다고 생각하니 반갑기도 하고 한편으로 두렵기도 했다.

나가사키에 도착하는 날이었다. 날이 기울 무렵, 가마 행렬이 마을 어귀로 들어서자 관리 차림을 한 사람들이 나와 있었다. 안용복 일행은 가마에 탄 채로 관아로 갔다. 관아 뜰에 가마가 내려지자 다짜고짜 병졸들이 다가오더니 두 사람을 붙들어 방으로 밀어 넣어 버렸다. 문이 탁 닫히고, 드르륵 빗장 지르는 소리가 났다. 안용복과 박어둔은 또다시 갇힌 신세가 되었다. 기껏 가마에

둥실둥실 태워 오다가 갑자기 태도가 돌변하니 안용복은 뭐가 어찌 된 일인지 알 수 없었다.

날이 밝은 뒤 안용복은 관아 뜰로 끌려 나갔다. 거기서 또 심문이 시작되었다. 심문관은 나가사키에 미리 와 있던 쓰시마번의 관리였다. 관리는 험한 표정을 지으며 안용복에게 거칠게 물었다.

"너희는 어디에 사는 누구냐? 왜 허락 없이 다케시마를 침범했

느냐?"

"우리는 조선의 경상북도 동래군 부산포의 안용복과 울산의 박어둔이라는 사람입니다. 울산에서 다케시마, 그러니까 울릉도로 전복이나 미역을 따러 와서 머물고 있었습니다."

"우리 나라 배가 너희를 데려온 건 어찌 된 일이냐? 거기서 무슨 흉악한 짓을 꾸미고 있었지? 거짓말 말고 바른대로 고해라!"

"아닙니다. 우리는 아무 잘못이 없습니다. 일본인이 우리 둘을 그들의 배에 태워 데리고 왔습니다. 울릉도에는 전복이나 미역이 많다고 들었습니다. 그래서 돈벌이하러 온 것뿐입니다."

"너희 말고 함께 온 자들은 얼마나 되며, 배는 모두 몇 척이냐?"

"우리가 탄 배와 같이 간 배는 모두 세 척입니다. 그중에 한 척은 전라도 배라고 들었습니다. 또 다른 배에는 경상도 사람들이 타고 있었습니다. 우리는 일본인에게 잡혀 왔기 때문에 그들이 바로 조선으로 돌아갔는지, 어느 곳으로 갔는지는 모릅니다."

"너희는 다케시마에 함부로 들어오면 안 되는 줄 몰랐느냐?"

"이번에 우리가 전복을 따러 간 섬은 조선에서는 울릉도라고 부릅니다. 울릉도를 일본에서 다케시마라고 하는 것은 이번에 처음 들었습니다."

"나는 너희가 풍랑에 휩쓸려 떠내려온 자들이 아니라 다케시마에서부터 붙들려 온 죄수라고 들었다."

"일본 땅에 들어와서 비록 집에 갇혀 있기는 했지만, 죄수 취급은 받지 않았습니다. 이번에 나가사키까지 오는 도중에도 좋은 대접을 받으면서 왔습니다."

"흥, 아무튼 너희가 쉽게 조선에 건너가기는 힘들 것이다. 허튼 생각 말고 얌전히 있거라."

"무사히 돌아가게 해 달라고 항상 기도하고 있습니다."

쓰시마번 관리는 안용복이 질문의 의도를 정확히 파악하고, 자신에게 불리한 대답은 좀처럼 하지 않는 것을 보고 감탄했다.

'음, 돗토리번에서 알려 준 대로 안용복이란 자는 쉽게 다룰 수 있는 사람이 아니다. 대답이 하나하나 빈틈이 없구나."

한편, 안용복은 쓰시마번 관리에게 심문을 받으면서 자신이 갑자기 학대당하는 이유가 무엇일까 곰곰이 생각해 보았다.

'돗토리번에서는 우리를 표류 어민으로 대접해 주다가, 나가사키에 오자 갑자기 우리를 학대한다. 이는 분명 조선에 우리를 넘겨주면서 우리 두 사람이 일본 영토인 다케시마에 침범했다고 주장하기 위함이다. 그냥 돌려보내면 아무 탈이 없을 것인데, 굳이 우리를 국경을 침범한 죄인으로 만드는 이유는 무엇일까? 오호라, 이들이 조선과 영토 다툼을 일으키려는 거구나!'

안용복은 마음이 복잡해졌다. 돌아가서 처벌받을 걱정도 컸지만, 쓰시마번이 울릉도를 노리고 있다는 것을 어떻게든 조선에 알려야겠다고 다짐했다.

'죄는 공을 세우면 덮어질 수도 있지 않은가? 내가 조선 관리를

만나면 쓰시마번의 계략을 먼저 알려야겠다.'

　나가사키에서도 안용복과 박어둔은 갇혀서 지냈다. 옥에 넣지만 않았을 뿐 죄수나 다름없이 대했다. 안용복은 돈을 벌어 보려고 울릉도에 왔다가 이런 신세까지 된 게 억울했다. 두 사람은 오래 갇혀 있느라 힘들어서 나중에는 하루 종일 끙끙 앓아눕는 날도 있었다.

　두 달을 그렇게 갇혀 있다가 안용복과 박어둔은 나가사키에서 쓰시마로 옮겨 왔다. 쓰시마에 와서도 별반 다를 게 없었다. 가두었다가 불러 내어 심문하기를 계속했다. 두 사람은 지칠 대로 지쳤지만, 조선에 돌아갈 수 있다고 굳게 믿었다. 밥을 들여오는 하인에게 출발 소식이 없는지 수없이 묻고, 관리에게 말을 전해 달라고 부탁도 했다. 그러나 하인은 늘 밥상만 놓고는 부리나케 돌아가 버렸다.

　일본은 조선 조정에 안용복의 일을 전하면서 회담을 요청했다. 조선은 표류 어민이라면 예부터 해 오던 대로 쓰시마를 거쳐 동래로 보내면 될 것인데, 왜 회담을 하자는 것이냐며 거부했다. 그러나 일본 측 협상 대표는 일방적으로 안용복과 박어둔을 데리고 쓰시마를 출발해 11월 2일, 동래의 왜관으로 들어왔다. 안용복은 고향 땅인 동래에 와서도 바로 풀려나지 못했다. 조선과 일본의 협상이 시작되어 두 나라의 대표가 만날 때, 비로소 조선에 넘겨지게 되어 있었기 때문이다.

울릉도 영토 분쟁이 시작되다

안용복과 박어둔이 왜관에 머무른 지 한 달여 만인 12월 10일에 양국의 대표가 만났고, 그 자리에서 두 사람이 조선에 인도되었다. 울릉도에서 일본 어부들에게 납치된 지 여덟 달만이었다. 이들은 동래부 관아로 가서 조선 법에 따라 다시 '함부로 먼바다로 나간' 죄인이 되었다. 안용복이 동래부에서 심문을 받을 때 쓰시마번의 계략을 고해바치려고 했지만, 미천한 신분인 그의 말을 아무도 들어주려 하지 않았다. 그는 원통하고 분한 마음을 억누르고 가만히 앉아 처벌을 기다릴 수밖에 없었다.

조선과 일본의 회담이 시작되었다. 먼저 일본 대표 다다 요자에몬이 쓰시마번의 서계(편지 형식의 외교 문서)를 내보였다. 서계의 내용은 이러했다.

요즘 조선의 배가 일본 땅인 다케시마로 건너왔기 때문에 오지 말도록 거듭 타일러서 쫓아 보냈습니다. 그런데 올봄에 조선 어민 40명이 또다시 다케시마에 와서 고기잡이를 했습니다. 우리가 증거로 두 명을 붙잡아 가서 막부에 사건을 보고하였더니, '이번에는 돌려보내 주고 다음부터는 못 오게 하라.'는 명령이 내려왔습니다. 이러한 조선 어부들의 행동은 매우 큰 잘못이니 마땅히 벌을 내려 주셔야 할 것입니다.

쓰시마번의 서계에는 '일본 땅인 다케시마'라는 말이 있었다. 울릉도를 '다케시마'라는 자기네 말로 가리킨 것이다.

조선 측 대표 홍중하는 이렇게 답장을 써 주었다.

우리나라는 어민들이 먼바다에 나가는 것을 금지해 왔습니다. 비록 우리나라 땅인 울릉도라도 마음대로 가지 못하게 했는데, 하물며 그 밖의 다른 섬은 말할 필요가 없지 않겠습니까? 조선 배가 일본의 다케시마로 들어가서 번거롭게 보내 주셨으니, 이웃 나라와 사귀는 정이 실로 기쁩니다. 바닷가의 백성들이 고기잡이를 하다 물에 떠내려갈 수도 있지만, 국경을 넘어 깊이 들어가서 난잡하게 고기를 잡는 것은 법으로도 마땅히 금지할 일이므로, 지금 범인들을 법에 따라 벌을 내리고 바닷가 여러 고을에도 이런 일이 다시 없도록 각별히 일러두겠습니다.

조선의 답서에는 '우리나라 땅인 울릉도'와 '일본의 다케시마'라는 표현이 둘 다 나왔다. 어찌 된 일일까? 다케시마가 일본에서 울릉도를 가리키는 말이라는 사실을 몰랐던 걸까? 물론 그렇지 않았다. 조선은 이번 사건으로 일본과 외교적으로 마찰을 일으키고 싶지 않았다. 그래서 다케시마가 울릉도인 줄 뻔히 알면서도, 답장에는 두 개의 다른 섬인 양 쓴 것이다.

일본 대표는 자신의 의도가 먹히지 않자 발끈하면서 다시 요구 사항을 내놓았다.

"우리는 울릉도를 말한 적이 없는데, 답장에는 갑자기 '조선 땅인 울릉도'라는 표현이 나옵니다. 이는 알기 어려운 바이니 꼭 삭제해 주시기 바랍니다."

일본 대표는 조선 측이 '일본 영토인 다케시마에 다시 조선인이 들어가지 못하도록 하겠다.'는 대답만을 해 주기를 원했다. 그래서 에도의 막부에는 '조선은 다케시마로 조선인이 못 가게 하겠다

고 약속했습니다. 이는 다케시마가 일본 영토라는 사실을 인정한 것입니다.'라고 보고할 참이었다. 그러나 에도 막부가 쓰시마번에 내린 명령은 조선인이 다케시마에 다시 들어오지 못하게 하라는 것이지, 조선과 영토를 놓고 다투라는 뜻은 아니었다. 놀랍게도 쓰시마번은 회담에서 에도의 명령을 넘어서 독자적으로 영토 문제를 제기하고 있었다.

당연히 조선은 일본의 요구를 끝까지 들어주지 않았다. 그러나 쓰시마번 입장에서 봤을 때 회담이 꼭 실패한 것만은 아니었다. 에도 막부에서는 '다케시마로 조선인이 못 들어오게 하라.'고만 했기 때문에 조선의 답서 내용만으로도 막부의 명령에 따라 회담을 마친 것이라 할 수 있었다. 그러나 이번 기회에 울릉도를 쓰시마의 영지로 만들려고 마음먹은 다다 요자에몬은 회담을 완전히 마무리 짓지 않은 채 동래를 떠나 쓰시마로 돌아갔다.

쓰시마번의 흉악한 계략

조선과 일본의 2차 회담이 열렸다. 이번에는 조선 측 대표로 유집일이 새로이 파견되었다. 유집일은 회담에 앞서 안용복을 불렀다. 방에 들어와 유집일 앞에 꿇어앉은 안용복의 모습은 무척 지쳐 보였다.

"저들이 울릉도를 '다케시마'라고 하면서 슬그머니 자기 땅인 체하고 있다. 울릉도가 조선 영토임은 예부터 변하지 않은 사실인데, 왜 저들이 애써 분쟁을 일으키는지 이상하다. 네가 그곳에 오래 있었으니 저들의 속내가 무엇인지 아는 것이 있으면 말해 보아라."

안용복은 드디어 자신의 말을 믿어 줄 사람을 만난 것 같았다. 그는 감정이 북받쳤지만 꾹 참고 차분히 말을 시작했다.

"소인은 울릉도에서 일본 어부들에게 끌려가 요나고라는 고을에 갇혀 있었습니다. 그러다가 표류 어민을 돌려보내는 절차대로 나가사키와 쓰시마를 거쳐 조선으로 보내졌습니다. 그런데 처음 출발할 때는 대접을 잘해 주다가 나가사키에 이르러서는 태도가 돌변하여 저희를 학대했습니다. 쓰시마에서는 제가 선물로 받았던 의복을 모조리 빼앗기고 역시 죄인 취급을 당했습니다. 소인이 감히 말씀드리기 어려우나 쓰시마번 측의 태도를 보건대 아마도 흉악한 계략을 품고 있는 듯합니다."

"흉악한 계략이라니, 그게 무슨 말이냐?"

"쓰시마번이 '일본 영토인 다케시마'라고 말하는 것은 에도 막부의 명을 벗어나 자기 멋대로 하는 행동입니다. 저희를 학대해서 자기네 영토를 침범한 죄인으로 만들고, 이를 구실로 영토 분쟁을 일으키려 했던 것 같습니다."

"쓰시마번이 그런 행동을 하는 이유가 무엇이라고 생각하느냐?"

"쓰시마번은 이번 회담에서 영토를 얻는 공을 세워 에도의 장군에게 잘보이려는 것입니다."

"음, 네가 한낱 바닷가 어부인 줄 알았더니 일을 살펴보는 눈이 범상치 않구나. 비록 국법을 어긴 죄는 무거우나 나라의 일을 도왔으니 이를 잊지 않겠다."

유집일이 안용복의 말을 모두 들은 뒤 회담장에 나갔다. 그는 지난번 조선 대표와는 달리 아주 강경한 태도로 말했다.

"귀국이 말하는 다케시마는 바로 울릉도이며, 울릉도는 조선의 영토입니다. 따라서 일본인이 국경을 함부로 넘어 침입한 것임에도 그것을 문제 삼지 않고 조선인을 납치해 간 것은 도리에 어긋나는 행동입니다."

다다 요자에몬은 조선 협상단의 강한 어조에 깜짝 놀랐다. 지난 협상에서는 좋게 좋게 넘어가려 하던 조선이 갑자기 돌변했기 때문이다.

"또한 우리가 지난번에 드린 서계를 돌려주시기 바랍니다."

조선이 쓰시마번의 요구를 들어 서계를 고쳐 주기는커녕 아예 돌려 달라고 한 것이다. 조선 정부가 뜻을 분명하게 정한 것을 안 다다 요자에몬은 더 이상 서계를 고쳐 달라는 요구를 되풀이할 수 없었다.

쓰시마번은 고민에 빠졌다. 조선의 태도는 변함없이 강경해서 회담이 더 이상 이루어질 수 없었다. 그러나 이제 와서 회담을 끝내면 자신들이 에도를 속이고 행동한 것을 인정하는 모양새가 될

게 뻔했다. 그렇다고 해서 언제까지 시간을 보내고 있을 수는 없었기 때문에 이제까지 회담에서 오간 내용을 에도에 보고했다. 사태를 파악한 에도 막부는 울릉도에 대해 즉시 조사하기 시작했다. 먼저 돗토리번에 편지를 보내 질문했다.

"다케시마가 언제부터 돗토리번에 속하는 땅이었습니까? 다케시마 이외에 돗토리번에 속하는 섬이 있습니까?"

돗토리번이 답을 했다.

"다케시마는 돗토리번 땅이 아닙니다. 다케시마와 마쓰시마(독도) 모두 돗토리번에 속하지 않습니다."

돗토리번에서 울릉도와 독도, 두 섬이 모두 자기네 땅이 아니라고 사실대로 말했다. 오랜 세월 동안 울릉도와 독도가 마치 자기네 땅인 것처럼 건너가서 어업을 했지만, 그곳이 자기네 땅이라고 주장할 수 있는 근거는 아무것도 없었다.

돗토리번의 답을 들은 에도 막부는 앞으로 요나고 지방의 백성들이 바다를 건너 울릉도로 가지 못하게 하는 명령을 내렸다. 그러나 쓰시마번은 에도의 명령을 조선에 알려 주지 않았다. 자신들이 거짓 회담을 한 것이 탄로 나면 조선에서 큰 비난을 받을 것이 분명했기 때문이다.

시간은 계속 흘러갔다. 울릉도를 놓고 벌어진 일본과 조선의 회담은 아무 결론 없이 흐지부지 끝날 것 같았다. 그런데 어느 날, 에도 막부로 파발꾼이 급하게 달려와 편지 한 장을 전했다. 편지에는 놀라운 소식이 있었다. 안용복이 다시 일본에 나타났다는 내용이었다.

다시 일본에 가다

1696년 5월, 안용복과 일행이 탄 배가 오키섬에 도착했다. 3년 전에는 납치당해 왔지만, 지금은 스스로 찾아왔다. 일행은 모두 11명이었는데, 그중에는 승려와 글을 아는 선비도 있었다. 오키섬의 관리는 안용복에게 다시 온 이유가 무엇인지 물었다.

안용복이 당당하게 대답했다.

"당신들이 말하는 다케시마는 조선의 강원도에 속한 울릉도입니다. 〈팔도지도〉에 그렇게 나와 있습니다. 그리고 옆에 있는 작은 섬은 독도입니다."

그러면서 미리 준비해 온 〈팔도지도〉를 펼쳐 보였다.

"그리고 우리는 돗토리번의 번주님에게 호소할 일이 있어서 이곳에 왔습니다."

"호소할 일? 그게 무엇인가?"

"그것은 돗토리번에 가서 말하겠습니다."

관리는 주민들의 집 중에서 골라 안용복 일행이 머물 곳을 내주었다. 안용복은 함께 온 선비에게 돗토리번에 제출할 문서를 작성하게 했다.

얼마 뒤 안용복이 관리를 따라서 돗토리번의 성 아랫마을로 갔을 때 그곳 관리들에게 문서를 전달했다. 문서를 본 관리들은 놀란 표정을 숨기지 못했다. 거기에는 쓰시마번이 에도 막부와 조선 정부를 모두 속이고 중간에서 계략을 썼다는 내용이 담겨 있었기 때문이다.

이런 사실이 에도와 쓰시마번에 알려졌다. 곧바로 쓰시마번은 에도 막부의 로주(장군 바로 아래 급의 관리)와 이 일에 대해 의논했다.

"저희 쓰시마번은 모두 장군님을 위해……."

"흠! 이번에 쓰시마번이 아주 큰 잘못을 한 것 같습니다. 하마터면 다케시마라는 작은 섬 하나 때문에 우리 일본과 조선의 관계가 완전히 나빠질 뻔했단 말입니다. 그 책임을 어떻게 지시겠소?"

"하지만 지금 와서 어쩌지요."

"이대로 가만두면 막부가 다케시마를 탐내고 있다가 안용복이라는 한낱 어부가 찾아와 따지니 그만 포기했다고 생각할 것이 아니겠소. 바다를 건너 울릉도로 가지 말라는 명령이 이미 내려진 마당에 시간을 끌어 봤자 소용없습니다. 조선과 다케시마 문제를 빨리 매듭지으시오. 단, 문서를 주고받지 말고 가볍게 말로 전달하여 끝내도록 하시오."

쓰시마번은 그 이듬해에 동래 부사에게 서계를 보내 울릉도 도해 금지 명령이 내려졌다고 알렸다. 명령의 내용은 이러했다.

다케시마(울릉도)가 일본과는 매우 멀리 떨어져 있고 오히려 귀국과 가깝습니다. 또한 두 나라 사람들이 그곳에서 섞이면 몰래 내통하거나 혹은 밀무역을 하는 등의 해로운 일이 반드시 있을 것입니다. 따라서 곧 명령을 내려 사람들이 가서 고기잡이하는 것을 금지했습니다.

이로써 조선과 일본의 울릉도 영토 분쟁이 완전히 끝을 맺었다.

안용복은 지난번처럼 긴 육로를 통해 조선으로 돌아오지 않았다. 이번에는 완전히 불법으로 국경을 침입한 것이기 때문에 곧바로 바다로 추방되었다.

조선 조정에서는 안용복에게 어떤 처분을 내릴 것인지를 두고 의견이 맞섰다.

"안용복이 국경을 몰래 넘어간 것도 모자라 나라의 일에 함부로 나섰사옵니다. 국법에 따라 죽여 마땅하옵니다."

"비록 안용복이 한 일이 매우 놀랍기는 하나, 그의 말 때문에 쓰시마번이 속임수를 쓴 것이 드러났습니다. 그 죄와 공이 서로 덮을 만합니다. 하오니 안용복의 목숨만은 살려 두어도 좋을 듯하옵니다."

숙종 임금은 신하들의 의견을 두루 들은 뒤, 잠시 생각에 잠겼다가 말했다.

"안용복이 비록 법을 어겼으나 우리 영토를 탐내는 외국에 가서 당당히 옳고 그름을 따졌다. 과인은 그 행동이 무척 통쾌하다. 백성을 보살피고 영토를 지키는 것이 나라의 가장 큰 책임이거늘, 백성이 스스로 나라를 위하는 마음에 한 일을 죽음으로 처벌할 수는 없다. 안용복을 멀리 유배 보내는 것으로 하라."

조정에서는 그 뒤로 1년이나 2년마다 울릉도에 관리를 보내 사람이 살 수 있는지, 어떤 산물이 나고 어떤 작물을 재배할 수 있는지 조사했다. 조선은 안용복 사건을 겪고 나서 울릉도와 독도를 우리 영토로 더욱 철저히 관리하였다.

 일본은 그 뒤로 울릉도와 독도를 두고 영토 분쟁을 일으키지 않았다. 그러나 300여 년 뒤, 일본이 조선을 식민지로 만들려고 욕심을 품었을 때 가장 먼저 손아귀에 넣은 땅은 바로 독도였다.

안용복

1693년
납치 어부 안용복, 동래부로 무사 귀환!

1693년 3월, 동래 어부 안용복 씨는 미역과 전복을 따러 울릉도에 갔다가 4월 18일 일본인 어부들에게 납치되었다. 그로부터 8개월 만인 12월 10일, 동래부를 통해 귀환했다. 나울릉 기자가 안용복 씨를 만나 일본으로 납치당했을 당시의 상황과 돌아온 여정에 대해 물어보았다.

안용복 동상
부산광역시 수영구 수영도 수영 사적 공원에 있는 안용복의 동상이다. 안용복은 1693년과 1696년에 일본으로 건너가 울릉도와 독도가 조선의 영토임을 주장했던 어부이다.

그동안 무척 힘드셨겠습니다.

돈 벌러 나갔다가 외국으로 납치당하고, 죄수 취급을 받으며 갇혀 있었으니 고생이 이만저만이 아니었습니다. 특히 쓰시마 사람들이 나를 학대하는 걸 견디기가 어려웠습니다. 다행히 제가 일본말을 할 줄 알았기에 망정이지, 그렇지 않았다면 꼼짝없이 당할 뻔했지요.

많은 사람이 안용복 씨가 울릉도에 간 이유를 궁금해합니다. 울릉도에 가는 것은 법에 금지되어 있으니까요.

어부가 바다에 나가는 이유가 달리 무엇이겠습니까? 울릉도에 전복과 미역이 많다기에 위험을 무릅쓰고 배를 띄운 것이지요. 물론 법에 금지된 일인 줄은 압니다. 하지만 해마다 많은 어부가 울릉도에 갑니다. 저도 돈을 벌어 보려고 울릉도에 갔을 뿐인데, 일이 이렇게까지 커져 버린 것이 당황스럽습니다.

왜국이 울릉도에 대한 영토 문제를 제기했다고 하더군요. 다시 말해, 울릉도가 원래 자기네 땅이며, 안용복 씨는 납치를 당한 것이 아니라 국경을 함부로 침범한 죄를 묻기 위해 데려간 것이라고요.

울릉도를 다케시마라고 하면서 자기네 땅이라고 말하는 것은 쓰시마번이 울릉도를 차지하려는 속셈에서 하는 거짓말입니다. 돗토리번에서는 저를 표류 어민으로 잘 대접해 주었지만, 쓰시마번에서 갑자기 저를 죄인 취급하면서 학대하였습니다. 저는 남의 나라 국경을 침범한 게 아니라 엄연한 우리 땅 울릉도에서 고기잡이하다가 납치된 것인데 말입니다. 다시 한 번 강조해 드리자면, 저는 죄인이 아니라 납치당한 피해자란 말입니다.

쓰시마번이 안용복 씨를 죄인으로 다룬 이유가 무엇일까요?

저를 조선에 건네줄 때 자기네 국경을 침범한 죄인이라고 주장하고, 그것에 대해 조선의 사과를 받아 내려는 것입니다. 그렇게 되면 자연스럽게 그들이 말하는 다케시마, 즉 울릉도가 일본의 영토라는 것을 인정받는 것이지요. 이 일을 어서 조정에 알려야 하는데, 동래부의 관리들은 내 말을 통 들어주지 않으니 답답합니다.

안용복 씨의 말이 사실이라면 보통 큰 사건이 아니군요. 앞으로 일이 어찌 되어 갈 것 같습니까?

글쎄, 나라에서 하는 일을 제가 어찌 알겠습니까. 어서 풀려나서 저를 기다리는 어머님을 뵙고 싶은 마음뿐입니다. 그리고 또…….

또 무엇입니까?

이건 아직 비밀인데, 기자님만 알고 계십시오. 기회를 보았다가 적당할 때 일본에 다시 건너갈 작정입니다.

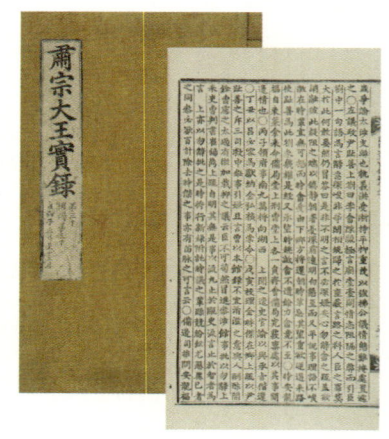

《숙종실록》
1696년 일본으로 다시 떠난 정황을 안용복에게 묻고 조사한 내용이 《숙종실록》 30권에 기록되어 있다.

나를 오랫동안 가두어 놓고 학대한 저 쓰시마번 놈들의 계략을 폭로하고 독도가 엄연히 조선의 영토임을 알리려고 합니다.

안용복 씨는 정말 보통 인물이 아닙니다. 그렇게 고생을 하고도 또 일본에 가겠다고 하네요. 하지만 안용복 씨가 울릉도와 독도를 지키는 데 큰 역할을 한 것은 분명해 보입니다. 이상, 동래부에서 나울릉 기자였습니다.

안용복 기념관
경상북도 울릉군 울릉읍 내수전 옛길 끝에 위치한 안용복 기념관은 조선 시대에 울릉도와 독도를 지키기 위해 활약한 안용복의 업적을 기리기 위해 건립되었다.

이규원

울릉도 개척을 이끈 조선 검찰사

바람을 기다리는 집

이규원은 지붕 밑에 걸린 현판을 보고 고개를 끄덕였다.

"대풍헌…… 바람을 기다리는 집이라. 이름 한번 그럴듯하니 잘 지었구나."

평해 구산포(지금의 경상북도 울진군 구산항)에서 바다를 바라보는 둔덕에 자리 잡은 대풍헌은 2년에 한 번씩 울릉도로 가는 수토사가 순풍을 기다리며 묵는 곳이었다. 수토사가 올 때마다 고을 백성들은 여간 힘든 게 아니었다. 울릉도에 한 번 갔다 오려면 먼저 험한 파도를 헤치고 나갈 수 있는 큰 배가 있어야 하고, 사공과 노꾼들도 많이 필요했다. 또 그들이 먹을 식량과 항해의 안전을 기원하는 제사에 드는 여러 경비를 대부분 가난한 바닷가 고을에서 마련해야 했다. 그런 것이 다 준비된 다음에야 배를 묶어 놓고 바람을 기다릴 수 있었다. 그렇다 보니 대풍헌과 그곳에 와 머

무는 수토사 일행은 평해 고을 사람들이 져야 할 큰 짐이나 다름없었다.

이규원이 신발을 벗고 대풍헌 마루에 앉아 바다를 바라보았다. 환한 봄 날씨에 파도가 잔잔했다. 임금에게 하직 인사를 올리고 한양을 떠나 평해에 도착하고 보니, 배며 사람이며 아무것도 준비된 것이 없었다. 부랴부랴 주변 여러 고을에 명을 내리고, 여러 번

재촉한 뒤에야 배를 마련하고 배꾼들을 모을 수 있었다. 성황당과 동해의 신령에게 절차에 따라 제사까지 올리고 나니 준비가 마무리되었다. 이제 바람만 옳은 방향으로 불면 배를 띄울 참이었다.

이규원은 열아홉 살에 무과에 급제한 뒤로 쉰을 바라보는 지금까지 바닷가 고을에 부임한 적이 많았다. 그것도 한양에서 가장 남쪽 땅인 전라도 진도나, 북쪽 끄트머리인 함경도 부령 같은 외지고 가난한 곳이었다. 과거에 급제한 선비라면 죄를 지어 유배를 가는 것이 아닌 다음에야 가려 하지 않을 곳이었다. 이규원은 자연스럽게 바닷가의 백성들이 생계를 위해 얼마나 고생하는지도 잘 알게 되었다. 이번 울릉도 항해 준비를 할 때도 백성들에게 부담을 지우지 않기 위해 애를 많이 썼다.

1882년, 그 무렵 조선은 고종의 왕비 민씨 일가의 세상이었다. 조정은 물론이고 한양과 가까운 곳의 좋은 벼슬자리는 죄다 민씨들 차지였다. 간혹 그들에게 잘 보여 벼슬을 얻는 자들도 있었으나, 이규원은 인품이 반듯하고 청렴해서 오직 주어진 일을 충실히 해내는 것으로 이제껏 짧지 않은 관직 생활을 해 올 수 있었다.

평해 고을의 주민들은 한양에서 '검찰사'가 온다는 소문을 들었을 때 눈이 휘둥그레졌다.

"검찰사라는 관직은 처음 들어 보는걸. 수토사는 한 해 걸러 한 번씩 울릉도로 가서 함부로 들어가 사는 사람들을 데려오는 관리인데 말이야."

"안 그래도 먹고살기가 힘든데, 이제는 검찰사 나리까지 모셔야 할 모양이니 큰일일세."

"그래도 이번에 오신 분은 덕이 높은 분 같으이. 들어 보니 울릉도가 사람이 살 만한 곳인지 직접 가서 살펴볼 거라고 하더구만."

"울릉도야 무사히 갔다 올 수만 있다면 우리 같은 뱃사람들에게는 좋은 곳이지. 미역이니, 전복이니 어찌나 많은지 그냥 풀 베고 돌멩이 줍듯이 한다니 말일세. 또 숲에는 좋은 아름드리나무가 빽빽해서 배 만드는 사람이 많이 들어간다고 해."

"나도 요번에 노꾼으로 따라나설까? 울릉도에 가서 살 수 있다면 지금보다 형편이 나을지도 모르잖는가."

"자네 목숨 아까운 줄 알게. 울릉도가 아무나 쉽게 갈 수 있는 곳이었다면, 지금 울릉도에 사람이 미어터질 걸세."

성황당과 동해 신령에게 제사를 지낸 게 효험이 있었던지, 그로부터 이틀째 오전에 순풍이 불기 시작했다. 이규원은 급히 임금께 출항을 알리는 글을 쓰고, 관원들에게 배 띄울 준비를 하라고 명을 내렸다. 조용하던 포구가 곧 사람들로 부산스러워졌다.

　울릉도로 가는 배는 모두 세 척이었다. 검찰사가 탈 큰 배 한 척에 작은 배 두 척이 딸려 있었다. 큰 배에는 사공과 선원이 17명, 포수가 6명, 나팔꾼과 돌장이며 음식 만드는 하인에다가 검찰사와 함께 한양에서부터 함께 온 수행원들까지 모두 마흔 명 가까운 사람들이 올라탔다. 작은 배 두 척에도 각기 그만큼이 탔다. 모두 해서 102명의 대규모 인원이 배 세 척에 나눠 타고 오전 10시에 구산포를 떠나 울릉도로 출발했다. 이때가 1882년 4월 29일이었다.

고종의 특명을 받다

출항 20여 일 전인 1882년 4월 7일, 이규원은 한양을 떠나기 전에 고종 임금에게 하직 인사를 올리기 위해 창덕궁에 들어왔다. 고종의 집무실인 희정당에는 부임지로 발령받아 떠나는 수령들도 함께 들어와 있었다. 수령들이 먼저 하직 인사를 올리고 모두 물러가자 고종이 말했다.

"검찰사는 앞으로 나오라."

이규원이 엎드려 있다가 앞으로 나아갔다. 감히 고개를 들어 임금의 얼굴을 바라볼 수는 없었지만, 이제 갓 서른을 넘긴 젊은 군주의 목소리에서 힘이 느껴졌다. 어린 나이에 즉위하여 10년 동안 아버지 흥선대원군의 그늘에 가려 있다가, 직접 통치권을 쥐자마자 개항을 맞으며 큰 위기를 겪었다. 이규원도 그때 통진(지금의 김포) 부사로 있으면서 일본 군함들이 강화 해협 입구로 침입해 들어오는 것을 직접 보았다. 고종은 이후 개화 정책을 펴면서 나라의 힘을 기르는 데 애를 썼다. 이규원은 임금을 돕는 길이 오직 관리로서 더욱 자신의 본분에 충실히 하는 것뿐이라고 생각했다.

임금이 말을 시작했다.

"울릉도에서는 요즘 다른 나라 사람들이 수시로 들어와서 제멋대로 좋은 땅을 차지하고 있다고 한다. 이번에 그대가 가는 것은 적임자라고 여겨 특별히 가려서 보내는 것이니 각별히 살펴보도록 하라. 그리고 그곳에 고을을 세울 계획이니 농사를 지어 먹고살 만한 곳이 있는지 찾아보라. 조사한 것은 글로 쓰되 반드시 지도를 덧붙여 자세히 기록하여 아뢰도록 하라."

"삼가 온 힘을 다하여 받들어 행하겠습니다."

"이번에 가면 울릉도와 그 동쪽의 섬(독도)까지 형편을 모두 조사하여라. 이제껏 수토사들은 소홀하게 섬 바깥만 돌아보고 왔기 때문에 이렇게 해로운 일이 생겼다. 그대는 반드시 섬을 속속들이 살펴보고 오라."

"삼가 깊숙이 들어가서 살펴보겠습니다."

"며칠 정도면 울릉도에 도착할 수 있겠는가?"

"서울에서 평해까지 8일에서 9일이면 도착할 수 있고, 평해에서 순풍을 받으면 이틀이면 울릉도에 도착할 수 있습니다. 하지만 언제까지 기다려야 순풍을 만날지는 미리 헤아릴 수 없습니다."

"섬에 도착한 뒤에 며칠이면 두루 다니면서 구경하고 자세히 살필 수 있겠는가?"

"울릉도는 사람이 사는 지역이 아니라서 나무가 울창하고 빽빽하며 산길이 험할 것이니 여러 날이 걸려야 두루 살필 수 있을 것이옵니다."

"그대가 배로 먼바다를 건너가려 하니, 무사히 잘 다녀오도록 하라. 출발할 때나 돌아왔을 때 곧바로 글을 보내 아뢰어라. 그대가 이런 일에 대해 어둡지는 않을 것이니, 이번에 반드시 일을 잘 마치거라."

"너무나 황송하옵니다."

임금이 각별히 살펴서 자신을 보낸다는 말에 이규원은 그동안 멀고 외진 바닷가 등지를 돌며 고생한 일을 인정받는 것 같아 감격에 겨웠다.

"조상들이 물려주신 우리 땅을 어찌 다른 나라 사람들이 함부로 드나들게 내버려 둘 수 있겠습니까. 마땅히 온 힘을 다하여 두루 자세히 살피고 마음을 다하여 왕명을 수행하겠습니다."

이렇게 하직 인사를 모두 마치고 물러나자 옆에 앉아 기록하던 사관도 뒤따라 나왔다. 그날 이규원은 도성 밖 숙소에서 하루를 묵었다. 임금의 신임을 얻어 검찰사라는 전에 없던 직책까지 받고 먼바다로 나아가려 하니, 무거운 책임감과 더불어 두려움이 밀려들었다. 이규원은 누구보다도 바다의 무서움을 잘 알았다. 그러나 나라의 녹을 받는 신하로서 임금의 명을 피할 곳은 하늘 아래 어디에도 없었다.

울릉도에 도착하다

구산포를 떠나 먼바다에 이르렀을 때 바람이 약해졌다. 거기에 바닷물의 흐름마저 반대 방향으로 바뀌는 바람에 배가 나아가지 못했다. 돛은 이미 소용없게 되었고, 노꾼들이 노를 젓는 만큼 앞으로 나가다가 해류에 뒤로 밀려나기를 반복했다. 해 질 녘에는 역풍이 불어 아예 돛을 내렸다. 계속해서 노를 젓는 수밖에 없었다.

밤이 깊어지자 구름이 끼어 하늘의 달과 별이 가려졌다. 방향을 알 수 없는 깜깜한 바다 멀리서 한 마리의 흰 용이 하늘로 솟구치는 듯하더니 회오리바람이 불어닥쳤다. 배는 물 위에서 낙엽처럼 빙빙 떠돌았다. 모두 뱃전에 엎드려 무엇이든 부여잡고서 버텨 낼 뿐, 어디가 하늘이고 바다인지조차 구분할 수 없는 지경에 이르렀다. 이규원은 오직 왕명을 수행한다는 마음 하나로 죽음이 코앞에 닥친 무서운 순간을 버텼다.

바람이 잦아들자 이어서 안개가 사방을 가로막았다. 배가 밤새도록 파도 위에서 흔들렸다. 망망대해에서 어디로 나아가는지 알 수 없었다. 날이 밝으면서 겨우 바람이 동쪽을 향해 불기 시작했다. 정오 무렵에 멀리 울릉도의 모습이 희미하게 보였다. 그때부터 다시 순풍을 받아서 배는 화살처럼 빨리 나아갔다. 이규원은 구산포에서 출발한 지 이틀째 저녁에 울릉도 서쪽 해변에 닿았다. 바다 위에서 꼭 30시간을 보낸 뒤였다.

배가 닿은 곳은 울릉도 서쪽에 있는 작은 포구 소황토구미(지금의 학포)였다. 여전히 비바람이 거세게 불어 배를 안전하게 대기 힘들었지만, 마침 배 짓는 무리가 있어서 도움을 받을 수 있었다. 이들은 남해의 거문도에서 왔는데, 울릉도에서 나무를 베어 배를 지은 뒤 새 배를 타고 돌아간다고 했다. 나라의 법에 따르면 엄연히 금지된 일이지만, 검찰사의 임무는 울릉도에 사람이 살 만한지 살펴보는 것이지 와 있는 사람을 잡아가는 것이 아니었다.

이규원은 섬에 올라 이들이 지어 놓은 움막에 들어가 묵었다. 비바람은 다음 날까지 그치지 않았다. 정박해 놓은 배가 파도에 떠밀려 이리저리 부딪혔다. 배 짓는 무리가 밧줄로 배를 다시 단단히 묶어 줘서 겨우 깨지지 않을 수 있었다. 이규원은 어두운 움

막 속에서 초 하나를 켜고 앉아서 걱정에 잠겼다.

'앞으로 섬 깊숙이 들어가 돌아볼 생각을 하니 아득하구나. 험하고 낯선 곳을 길잡이도 없이 어찌 다닐지. 오직 믿을 것은 하늘과 주상 전하의 명뿐이로구나.'

밤 동안에 풍랑이 조금 잦아드는 것 같았다. 이규원은 아침 일찍 일어나 산신에게 섬을 안전하게 돌아볼 수 있게 해 주십사고 제사를 지냈다. 오후에 누가 찾아왔다. 자루를 메고 호미를 든 것을 보니 행색은 약초꾼이었고, 나이는 쉰이 조금 못 되어 보였다.

"그대는 섬에 온 지 얼마나 되었는가?"

"말씀드리기 황송하오나, 혼자 섬에 들어와 약초를 캐며 지낸 지 10년이 되었습니다."

이규원은 놀란 빛을 감추지 못했다.

"네가 살고 있는 곳은 어디냐?"

"섬의 꼭대기에 산봉우리로 둘러싸인 평평한 땅이 있습니다. 그곳이 나리동인데, 제가 사는 곳이옵니다."

"그래, 나를 찾아온 목적이 무엇이냐?"

"제가 그동안 캐어 놓은 약초를 육지로 가는 배편을 통해 팔려고 내려왔다가 검찰사 나리께서 오셨다는 소식을 들었습니다. 지금까지 수토사 나리들께서는 배를 타고 섬을 둘러보시기만 하셨는데, 이번에는 섬 안쪽까지 둘러보신다기에 제가 길잡이 노릇을 해 드릴까 합니다."

"섬을 둘러보는 길이 얼마나 험한가?"

"나리, 울릉도는 그 둘레가 온통 깎아지른 절벽이고, 섬 안쪽으로는 계곡을 따라 오르내릴 수 있습니다. 허나 배를 타지 않고 걸어서 섬을 돌아보려면 무수히 많은 산을 넘고 물을 건너야 하옵니다. 저 역시 나리동까지는 모실 수 있으나 그 아래 동쪽 해변은 잘 알지 못하옵니다."

"좋다. 네가 아는 만큼이라도 안내해 주면 크게 도움이 되겠구나. 바람이 잦아드는 모양이니 곧 출발하자."

이규원은 섬의 해안가를 시계 방향으로 돌아볼 작정이었다. 포구를 벗어나자 곧바로 험한 산길로 접어들었다. 빽빽하게 자란 나무가 하늘을 가려 대낮인데도 어둑어둑했다. 길이 가늘게 이어지다가도 금세 수풀 속으로 사라졌다. 겨우 고갯마루에 이르렀을 때 이규원이 말했다.

"이건 숫제 절벽을 기어오르는 것과 다름없구나. 올라갈 때는 이마가 닿고, 내려올 때는 뒷머리가 부딪힐 지경이다."

고개를 내려오니 바다가 보였다. 이미 해가 지고, 바다 위에 노을이 빛났다. 반나절을 꼬박 걸었지만, 도착한 곳은 출발한 곳의 바로 옆 포구인 대황토구미(지금의 태하리)였다.

다음 날은 아침 일찍 출발했다. 고개를 하나 넘어 흑작지(지금의 현포리)에 이르렀다. 포구와 주변의 지형을 둘러보니 마을 하나를 이루어 살 만한 공간이 있었다. 이규원은 작은 배를 띄워 노를 저어 가면서 포구 주변을 살펴보았다. 바람 없는 바다는 강물처럼 잔잔했다. 좀 더 배를 저어 가니 눈앞에 우뚝한 봉우리(지금의 송곳봉)가 드러났다. 뾰족한 돌산이었는데, 마치 거대한 짐승의 송곳니가 박혀 있는 것 같았다.

길잡이가 알려 주는 대로 나리동으로 올라가는 길이 있는 왜선창포(지금의 천부항)까지 배를 저어 갔다. 포구에는 전라도 낙안과 거제도에서 온 사람들이 배를 짓고 있었다. 이규원과 일행은 배에서 내려 다시 산길을 올라갔다.

나리동에서 성인봉까지

산길은 가늘고 희미하게 이어졌다. 사람이 지나다닌 흔적인가 싶으면 어느덧 수풀 속으로 사라졌다. 길잡이를 따라 사람 키보다 더 큰 수풀을 헤치고 가는데, 갑자기 앞이 트이면서 발밑에 천 길 낭떠러지가 펼쳐졌다. 절벽을 따라 난 좁을 길을 지날 때는 차라리 두 손을 땅에 짚고 네발짐승의 흉내를 내는 것이 쉬웠다. 이규원은 걸어서 연거푸 고개 몇 개를 넘었다. 고개의 경사가 심해서 역시 올라갈 때는 이마가 닿고, 내려올 때는 뒷머리가 닿을 정도였다. 마지막 다섯 번째 고개를 넘자 놀랍게도 평지가 나왔다. 넓은 들판에 아름드리나무가 무성하게 하늘을 덮고 있었다.

"검찰사 나리, 이곳이 나리동이옵니다."

평지의 주위를 높은 산봉우리가 둘러싸고 있었다.

"마치 자연이 만든 성곽 같구나."

주변 산기슭에 약초꾼의 오두막이 네다섯 곳 있었다. 그곳에 사는 사람은 모두 사오십 명쯤 되었다. 이규원은 그중 한 곳을 골라 숙소로 삼았다.

이규원은 이튿날 아침 일찍 일어나 안전한 산행을 기원하는 제사를 지냈다. 아침을 먹고 곧바로 나리동에서 가장 높은 봉우리인 성인봉으로 오르기 위해 나섰다. 그때 길잡이 약초꾼이 말했다.

"나리, 성인봉으로는 사람이 올라가는 길이 없사옵니다. 잠깐 한 발만 미끄러져도 절벽 아래로 떨어지는 터라 짐승들도 쉽게 다니지 않습니다. 그런 위험한 곳까지도 꼭 가셔야 하옵니까."

"너는 여기서 10년이나 약초를 캐며 산 까닭이 무엇이더냐?"

"그야…… 저는 세상에서 물러나 자유롭게 사는 것이 좋을 뿐이옵니다."

"나에게는 그런 자유가 없다. 나는 임금의 명에 매인 몸이다. 섬을 속속들이 살펴보라는 명을 받았으니, 그것 말고는 다른 것을 생각할 수 없구나."

이규원은 길잡이에게 덧붙였다.

"네가 여기까지 길을 안내해 줘서 무사히 올 수 있었다. 이제부터는 내가 알아서 갈 터이다."

길잡이와 주위에 사는 약초꾼이 모두 모여 이규원에게 허리를 굽혀 인사했다.
 "나리, 부디 무사히 다녀가십시오."
 이규원은 다시 길을 떠났다. 길은 금세 사라졌다. 무성한 나무가 해를 가린 숲을 뚫고 나가고, 칡넝쿨과 풀을 손으로 부여잡고 비탈을 기어올라 갔다. 죽을힘을 다해 바위를 타 넘고, 절벽에 가까운 비탈을 오르고 또 올랐다.

간신히 봉우리의 꼭대기에 올랐다. 내려다보니 산봉우리들에 둘러싸인 나리동이 한눈에 들어왔다.
　"과연 하늘이 감추어 둔 별세계로구나."
　주위를 둘러보니 흐린 하늘 아래 보이는 것이라곤 오직 바다뿐이었다.
　봉우리에서 내려오다 오두막이 있어 주인을 만나 보니, 경상남도 함양에서 온 전서일이라는 약초꾼이었다. 약초꾼은 자신을 '세

상에서 벗어나 약초를 캐며 숨어 사는 사람'이라고 소개했다. 이규원은 약초꾼의 집에서 점심을 먹었다. 채소와 밤, 대추가 어찌나 향기가 좋은지 육지에서 먹었던 고기반찬보다 훨씬 맛있었다.

마을을 이루어 살 만한 곳

이규원은 점심을 들고 나서 길을 떠났다. 올라가는 길이 힘들었다면, 내려가는 길은 그만큼 무서웠다. 풀숲 이슬에 신발과 버선까지 흠씬 젖었고, 땅은 이끼와 낙엽이 두껍게 깔려 있었다. 어디에 발을 디뎌야 할지 도무지 알 수 없었다. 산의 등줄기를 따라 난 좁은 길로 내려오는데, 갑자기 바위로 막히고 절벽으로 길이 뚝 끊겼다. 다리가 떨리고 마음을 졸이면서 손에 잡히는 돌부리나 나무뿌리를 붙들고 엉금엉금 기다시피 하며 내려왔다. 이규원은 바다에서 풍랑을 만났을 때와 같이 오직 임금의 명령만을 생각하며 두려움을 참았다.

한참을 내려오니 길이 약간 순탄해지면서 저포(지금의 저동리)에 이르렀다. 포구는 양쪽이 막혀 있어 바람을 막아 주었다. 산기슭을 보니 신기하게도 누가 심었는지 모시풀이 빽빽하게 자라고 있었다.

'저 모시풀을 베어 모시 천을 짜면 수십 호가 살 만하겠다.'

게다가 산에서 내려오는 물이 큰 하천을 이루고 있었다. 이규원은 옷감을 짤 재료와 먹을 물이 풍부하니 이곳에 사람이 마을을 이루어 살 수 있겠다고 생각했다.

포구에는 아무도 없었지만, 움막을 지은 흔적이 있었다. 이규원은 그 흔적을 보고, 왜인들이 머물다가 버린 움막이라는 걸 알아보았다. 울릉도 검찰의 목적 가운데 하나가 일본인들이 불법으로 나무를 베어 내는 현장을 직접 눈으로 보고 실태를 조사하는 것이다. 그러나 아직 일본인을 만나지 못했다. 육로로 섬을 돌아보기를 마친 뒤 배로 한 번 더 돌 때 다시 살펴보기로 하고, 그날은 저포에서 밤을 지냈다. 나무를 얽어매어 움막을 짓고 들어앉았는데, 바람이 세차게 불어 잠을 이루기 힘들었다.

현재 위치인 저포에서 출발지였던 소황토구미까지 해안을 따라 거리를 재면 섬 둘레의 절반에 조금 못 미쳤다. 산을 넘으면 곧 강이 가로막았다. 강을 건너면 다시 고갯길이었다. 절벽에 몸을 붙이고 게걸음을 걸을 때는 새끼줄에 엮어 놓은 생선 같았고, 대숲에 들어가서 방향을 잃었을 때는 눈먼 뱀의 신세였다. 다시 길을 찾아 험한 고개를 세 번 넘고 물을 세 번 건넜다. 숲, 바다, 절벽, 강물……. 이규원은 울릉도에서 경험한 이 모든 것을 끝까지 살아서 글로 기록할 수 있을지 알 수 없었다.

그렇게 꼬박 이틀이 지났다. 겨우겨우 소황토구미까지 돌아왔을 때는 이미 해 질 무렵이었다. 배에 남아 있던 사공들과 배 짓던 사람들이 모두 달려 나왔다. 어둑어둑해서 얼굴은 똑똑히 보이지 않고 그림자만 길게 어른거렸다. 사람들이 가까이 다가와 인사하자, 이규원은 그제야 눈이 번쩍 뜨이며 환한 웃음을 지었다. 마치 오랫동안 보지 못한 친구를 만난 듯이 반갑고 기뻤다.

이규원은 저녁을 먹은 뒤 숙소에 촛불을 켜고, 검찰 보고서를 쓰기 위해 붓과 종이를 준비했다.

대체로 이 섬을 돌아다니느라 엿새가 걸렸는데, 땅은 검은색이었으며 산삼 같은 귀한 약초와 질 좋은 나무가 많았다. 소황토구미로부터 섬의 가운데인 나리동을 지나 동쪽 저포에 이르기까지 대략 60리(약 24킬로미터)였다. 사람이 사는 곳은 나리동 하나뿐이었으나 수천 호가 살 만하였다.

이튿날 이규원은 돌장이를 시켜 포구 옆 큰 바위에 글자를 새기게 했다. 섬의 이름과 언제 누가 왔는지 기록해 두기 위함이었다. 바위에 정을 대고 쪼기 시작하자 글자가 조금씩 나타났다.

　蔚陵島 (울릉도)

　檢察使 李奎遠 (검찰사 이규원)

　글씨가 다 새겨지자 이규원은 흐뭇하게 바라보았다.
　'이제 누구나 이 글자를 보면 여기가 어느 나라의 땅인지, 이곳에 사람이 살도록 준비한 이가 누구인지 알 수 있겠구나.'

일본인을 만나 꾸짖다

이규원은 다시 섬을 돌아볼 채비를 했다. 사공들에게 아침 일찍부터 배 띄울 준비를 시켰다.

"나리, 육지로 돌아가는 것이옵니까? 그러나 아직 바람을 기다려야 하옵니다."

"허허, 어서 집에 가고 싶으냐? 도착한 지 엿새 만에 울릉도 속을 거의 살펴보았으나, 아직 섬의 북쪽과 동쪽 둘레는 돌아보지 못했다. 배를 타고 섬을 한 바퀴 돌 터이다."

검찰사 일행은 아침밥을 먹고 출발했다. 바다에 안개가 옅게 깔려 있었다. 노를 천천히 저어 앞으로 나아갔다. 배에는 화공도 함께 탔다. 화공은 갖가지 신기한 모양의 바위며 포구의 형태를 자세히 관찰하여 그림으로 기록했다.

이튿날, 배는 섬의 동쪽으로 나아가 포구(지금의 도동)에 이르렀다. 양쪽으로 산줄기가 바다로 뻗치고 나와 있어서 배 네댓 척이 정박할 만했다.

"앞을 막아 주는 섬이 없어서 동풍이 불면 배가 위험하겠구나."

그때 포구에 일본인들의 배가 한 척 정박해 있었다. 작고 볼품없었지만, 배의 옆면을 보니 주변의 나무를 베어 내 붙인 것 같았다. 이규원은 곧 배에서 내렸다. 육지에 올라 일본인들이 지어 놓은 집을 발견했다. 나무판자로 어엿하게 지은 걸 보니 잠시 머물렀다 가는 게 아니라 해마다 와서 일정 기간 동안 머무른 것 같았다. 곧 일본인 예닐곱 명이 나와 인사를 했다.

"지금 너희를 보니 일본 사람이로구나. 언제 이 섬에 들어왔으며, 무슨 일로 집을 짓고 머물러 있느냐?"

"저희는 2년 전부터 벌목을 시작했습니다. 올해 4월에 다시 들어와서 벌목을 하고 있습니다."

이규원의 눈빛이 매섭게 변했다.

"만약 2년 전부터 벌목을 했다면, 나무는 어디에 사용했느냐? 남의 나라 땅에 함부로 들어와서 벌목을 하면 안 되는 줄 몰랐느냐?"

"그저 시키는 일을 하고 있을 뿐이옵니다. 또한 저희는 이 섬에서 나무를 베면 안 된다는 말은 듣지 못했습니다."

"작년에 수토사가 섬에 들어왔을 때 너희 나라 사람들이 벌목하는 것을 보고 우리 조정이 문서를 보내 벌목을 금지하도록 알렸는데, 어찌 듣지 못했다고 할 수 있느냐?"

"저희는 사정을 모르오니 어찌 말씀을 드려야 할지……."

"나는 왕명을 받들고 이 섬을 검찰하고 있다. 섬을 두루 조사하다가 여기에 이르러 너희를 만난 것이다. 돌아가서 이 사정을 조정에 보고할 터이니 너희도 알고 있는 게 좋겠다."

"네, 저희는 그렇게 알고 있겠습니다."

검찰사 이규원은 굽신굽신하면서도 두려워하는 빛이 전혀 없는 일본인들에게 목소리를 높여 꾸짖었다.

"나라에는 경계가 있는 법이다. 너희는 지금 남의 나라에 들어와서 멋대로 나무를 베어 가는데, 이것은 대체 무슨 도리냐?"

그때 일본인들의 대답이 놀랍기 그지없었다.

"저희는 이 섬이 다른 나라 땅이라는 것을 듣지 못했습니다. 이미 일본 땅이라는 표지를 세워 둔 것이 있습니다."

"그런 말은 지금 처음 듣는다. 만약 법을 몰라서 이러한 죄를 저질렀다면 용서해 줄 수도 있지만, 알고서도 그랬다면 처벌을 피

하기 힘들 것이다. 너희는 하던 일을 당장 그만두고 어서 돌아가라."

검찰사 일행이 돌아 나왔다. 곧장 배를 타고 찾아보니 과연 바닷가 돌길 위에 나무 말뚝이 서 있었다. 말뚝에는 '대일본제국 송도 규곡'이라는 글자가 적혀 있었다.

다시 배를 타고 섬의 나머지를 돌아보니 해가 질 무렵, 소황토 구미에 닿았다.

울릉도 개척을 시작하라

 이규원은 일본인을 만나 문답하고 소황토구미에 도착한 그 이튿날 바로 배를 띄웠다. 울릉도에서 다시 평해 구산포로 돌아오는 길은 갈 때만큼이나 어려웠다. 이번에는 배 세 척이 풍랑에 서로 흩어져 버려 검찰사가 탄 배가 먼저 들어오고 작은 배들은 하루 늦게 도착했다. 이규원은 사공과 노꾼들 모두에게 돈과 음식을 후하게 주어 보상했다. 수토사가 올 때마다 아무런 대가도 없이 목숨을 건 항해를 해야 했던 사람들은 살아 돌아와서 기쁘고, 돈과 음식이 생겨 또 기뻤다.

 평해를 떠난 지 12일 만에 이규원은 궁궐에 들어가 임금을 뵈었다. 검찰사로서 울릉도에 가서 보고 듣고 겪은 것을 빠짐없이 기록한 글과 울릉도 지도를 미리 임금께 올렸다.

 "네가 올린 글과 지도를 보았다. 사람이 살 만한 곳이 있던가?"

"섬 가운데 나리동이란 곳이 있는데, 산 위에 따로 넓은 평지가 펼쳐져 있습니다. 주위는 높은 산봉우리로 둘러싸여 과연 하늘이 내린 땅이었습니다. 그 밖에 마을을 이루어 살 만한 곳이 여섯 혹은 일곱 곳이 있었습니다."

"만약 그곳에 마을을 이루어 살게 하면 사람들이 흔쾌히 가서 살 것 같은가?"

"이미 뱃사람과 약초꾼들이 들어와 있었는데, 물어보니 대부분 따를 뜻이 있었습니다."

"일본인들이 표지를 세워 놓고 송도라고 한다던데."

"놀랍게도 그들이 '대일본제국 송도 규곡'이라 적어 놓았습니다."

임금의 표정이 굳어졌다.

"나라의 영토는 한시라도 소홀히 할 수 없고, 한 조각의 땅이라도 버릴 수 없다. 이 내용을 대신들에게 알려 일본 조정에 즉시 항의하게 하라."

"명을 따르겠습니다. 설사 한 치의 땅이라 해도 그것은 바로 조상들이 물려준 땅인데 어찌 소홀히 내버려 둘 수 있겠습니까?"

"울릉도 개척을 어서 시작해야겠다. 이와 같이 좋은 땅을 어찌 내버려 둘 수 있겠는가."

이렇게 해서 울릉도 검찰 임무가 끝났다. 비로소 이규원은 임금의 명에서 풀려났다.

조선 초기부터 울릉도에서 사람이 사는 것은 금지되었다. 왜구들이 침략했을 때 주민들이 피해를 입지 않도록 하기 위해서였다. 무려 450년 동안이나 울릉도는 법에 따라 사람이 들어가 살 수 없는 땅이었다. 이규원의 검찰 활동이 끝나고 내용이 보고된 뒤

1882년 8월, 고종은 울릉도 개척을 명했다. 이제 울릉도에 사는 것이 법을 어기는 일이 아니었다. 이듬해 4월, 16가구 54명이 최초로 울릉도로 이주했다. 울릉도의 인구는 개척한 지 10여 년 만에 1000명에 이르렀다. 개척 30년이 되었을 때는 7000명이 거주하는 곳이 되었다.

일본은 조선을 식민지로 만들면서 우리나라 영토 가운데 가장 먼저 독도를 차지했다. 만약 울릉도를 개척하지 않고 그대로 내버려 두었다면, 우리가 일본에 빼앗긴 첫 영토는 독도가 아닌 울릉도가 되었을 것이다.

이규원

검찰사 이규원, 울릉도 개척 시대를 열다!

검찰사 이규원이 11박 12일에 걸친 울릉도 일주를 마치고 소황토구미로 무사히 돌아왔다. 울릉도 전체를 답사한 것은 정부 관리로서는 최초이다. 검찰사는 무척 지쳐 있었지만, 마중 나온 사람들을 보자 다시 표정에 생기가 돌았다. 나울릉 기자가 평해 구산포 현장에 나가 검찰사를 만났다.

대풍헌
경상북도 울진군 기성면에 위치한 대풍헌은 조선 시대에 수토사가 울릉도를 가기 위해 순풍을 기다리며 머무르던 건물이다.

울릉도를 관리로서 최초로 일주하셨는데 소감이 어떻습니까?

사실 그동안은 수토사가 배를 타고 섬 둘레를 돌아보는 데 그칠 수밖에 없었습니다. 그런 연유로 울릉도를 자세히 파악하기 힘들었지요. 그러나 제가 이번에 갔다 와 보니, 배로 울릉도에 가는 것만 해도 목숨을 걸어야 할 일이었습니다. 그러니 누구도 섬을 속속들이 답사할 엄두를 내지 못한 거지요. 저는 임금의 명을 받은 몸이기에 길이 없는 산비탈을 뚫고 나가고, 바다 위의 절벽을 따라 걸었습니다. 한마디 말로 표현할 도리가 없군요. 살아서 돌아온 것이 기쁩니다. 자세한 내용은 글과 그림으로 정리하여 임금께 보여드릴 예정입니다.

백성들이 정착할 만한 적당한 장소가 있었습니까?

답사 이틀째 날에 울릉도의 중심인 나리동에 이르렀습니다. 험한 고개를 몇 번이고 넘은 끝에 문득 탁 트인 평지가 나오는데, 주변이 14개의 봉우리로 둘러싸여 있어 천혜의 요새가 될 만했습니다. 게다가 땅이 넓고 기름져서 천여 호가 살만했습니다. 이곳에 백성들을 이주시키고 고을을 설치하면 일본인들도 함부로 울릉도에 드나들지 못할 것입니다.

울릉도에서 불법으로 벌목을 하는 일본인들을 직접 만나셨는데요. 상황이 어땠습니까?

숙종 임금 시절에 안용복 사건이 일어난 후, 일본은 자기네 백성들이 울릉도에 출입하지 못하게 했습니다. 그러다가 최근 개항을 맞으면서 다시 드나들기 시작했지요. 제가 이번에 가서 확인해 보니 상황이 무척 심

115

각합니다. 울릉도에 질 좋은 느티나무가 많은데, 일본인들이 와서 모조리 베어 가고 있습니다. 그들은 제가 엄히 꾸짖어도 두려운 기색조차 없이 그곳을 일본 영토로 알고 있다고 했습니다. 일본 정부에 강력히 항의해서 다시는 이런 일이 없도록 하고, 한편으로 울릉도 개척을 서둘러야 합니다.

울릉도에서 가장 높은 성인봉에까지 오르셨지요?

성인봉에서 주위를 둘러보니 자욱한 안개 속에서 하늘 아래 아무것도 없고, 오직 산봉우리와 그에 둘러싸인 나리 분지만 보였습니다. 마치 다른 세상을 보는 듯했습니다. 임금께서는 울릉도 동쪽에 섬(독도)이 있으니 확인해 보라 하셨는데, 안개가 짙어서 볼 수 없었습니다.

이미 울릉도에 조선 사람들이 많이 머물고 있다고 하던데요.

저도 이번에 가서 꽤 많은 사람들을 만났습니다. 해안가에는 배를 짓거나 미역을 따는 사람들이 있었습니다. 그리고 산속으로 들어가면 약초꾼들이 있었습니다. 이들은 대부분 잠시 머물렀다가 돌아가는데, 간혹 오랫동안 울릉도에 터를 잡고 머무르는 사람도 있었습니다. 수토사가 그동안 다녀갔을 터인데, 해안가만 살펴보다가 돌아갔기 때문인 것으로 보입니다. 백성들은 수토사가 와도 피해서 산속으로 들어가 버리면 그만이니까요.

이번 임무 중에서 무엇이 가장 힘들었습니까?

두말할 것 없이 배로 바다를 건너는 일이었습니다. 풍랑을 만나 하마터면 모두 목숨을 잃을 뻔했지요. 오로지 왕명을 받들 수 있어서 다행일 따름입니다.

앞으로 어떤 일정이 남았습니까?

내일 바위에 섬 이름 '울릉도'와 '검찰사 이규원'을 새길 겁니다. 이곳이 조선의 영토이고 나라에서 관리하고 있다는 것을 분명하게 표시해 두기 위해서지요. 또 배를 타고 섬 바깥을 한 바퀴 돌며 해안과 바위들을 조사할 예정입니다. 지금까지 섬의 안쪽을 다녔으니, 바깥에서도 관찰해야지요.

이규원 검찰사는 무척 성실한 분이로군요. 모쪼록 울릉도에 조선 사람들이 이주해서 대대로 번창하면 좋겠습니다. 이상, 구산포에서 나울릉 기자가 전해드렸습니다.

《울릉도 검찰 일기》
검찰사 이규원이 고종의 특별 명령을 받아 1882년에 울릉도를 돌아본 여정과 조사한 내용을 기록한 일기 겸 보고서이다.

독도
의용 수비대

우리 땅 독도를 지킨 청년들

첫 임무에 성공하다

1954년 5월 23일, 아침 10시쯤이었다. 그날 독도에는 울릉도 어민들이 고기를 잡고 있었다. 독도의 서쪽 섬 서도의 몽돌해변과 상장군바위에는 서른 명 남짓한 어민들을 태운 배가 한 무리 있었다. 동쪽 섬 동도에는 얼굴바위 쪽에서 5톤짜리 발동선 세 척이 통통 소리를 내며 천천히 바다 위를 미끄러져 다녔다. 어부들은 모처럼 평화롭게 어로 작업을 하고 있었다. 바다는 잔잔했다. 다만 짙은 안개가 끼어 있어서 가까운 바다 외에 보이는 것은 검은 바위와 절벽뿐이었다.

동도 정상에서 바다를 관측하던 홍순칠 대장은 어민들과 달리 마음이 불안했다. 언제 어느 방향에서 안개를 뚫고 일본 순시선이 나타날지 모르기 때문이었다. 어민들은 기분이 좋은지 노래까지 흥얼거렸다. 홍 대장은 잠시 쌍안경에서 눈을 떼고 숨을 돌렸다.

"고기가 잘 잡히는 모양이구나. 오늘은 제발 일 없이 무사히 지나갔으면 좋겠다."

울릉도 어민들에게 독도는 기름진 텃밭이나 마찬가지였다. 그런 독도에 일본이 연일 순시선을 보내 어민들을 위협하고 고기를 잡지 못하게 방해를 놓았다. 그러다 보니 울릉도 어민들의 살림살이가 어려워질 수밖에 없었다.

한 달 전인 4월 25일, 울릉도 주민들이 뜻을 모아 독도를 스스로 지킬 '독도 의용 수비대'를 만들었다. 일본 배가 독도에 가까이 다가오거나 일본인들이 상륙하지 못하게 막을 수 있어야 하기 때문에 무기를 다루어 본 경험이 있는 청년들을 모았다. 그때는 한국 전쟁이 휴전으로 끝난 지 일 년이 채 지나지 않았기에 울릉도에도 전투 경험이 풍부한 청년들이 있었다. 그중 수비대 대장으로 뽑힌 홍순칠은 교전 중 부상을 입고 고향으로 돌아온 상이군인이었다.

"비상! 비상!"

대원 한 명이 다급하게 외쳤다. 길고 날씬한 일본 순시선이 안개 속에서 모습을 드러냈다. 배는 이미 독도 코앞인 전방 250미터 앞까지 접근해 있었다. 어민들의 고기 잡는 손길이 멈추고 노랫소리도 뚝 그쳤다. 수비대 대원들이 소리를 치고 신호를 주자 어선들이 재빨리 주변 바위틈으로 숨었다. 홍 대장은 쌍안경을 들고 순시선을 살폈다. '즈가루'라는 일본 글자가 흰색 바탕에 선명하게 적혀 있었다.

대원들이 각자 자리에서 방어 태세를 갖추었다. 즈가루호는 다시 안개 속으로 흐릿하게 사라져 보이지 않았다. 그렇게 두 시간쯤 흘렀을까. 안개가 천천히 걷혀 갔다. 즈가루호는 연기처럼 사라지고 없었다.

긴장된 상황이 끝난 후, 홍 대장과 대원들은 서로 의견을 나누

었다.

"저들이 왜 그냥 돌아간 걸까?"

"섬에 상륙하려고 접근할 때 자세히 살펴보니 우리가 경계를 서고 있고, 예전에 설치해 놓은 일본 영토 표지판도 쓰러지고 없는 걸 본 거지."

"거기에다 '한국 영토'라고 적힌 새 팻말이 세워진 것을 보고는 예전처럼 그냥 독도에 상륙했다가는 심각한 충돌이 일어날지도 모른다고 생각하고 돌아갔을 거야."

무엇보다도 이제껏 일본 순시선이 와서 독도에 상륙하지 않고

그냥 돌아간 경우가 없는데, 이번에 처음으로 상륙을 막았으니 첫 임무는 성공이었다. 대원들은 기쁜 마음과 함께 자신감이 솟아올랐다. 처음 독도에 들어왔을 때는 변변한 무기와 장비는커녕 식량조차 충분하지 않은 힘든 나날이었다. 그런데 대형 순시선이 왔다가 상륙도 못 하고 그대로 꼬리를 감추니, 대원들은 힘이 솟았다.

일본 선박 '다이센호'를 쫓아내다

 순시선 즈가루호(1000톤급)가 독도에 왔다가 안개처럼 홀연히 사라진 지 엿새가 지난 5월 29일이었다. 이번에 나타난 배는 즈가루호에 비해 훨씬 더 작았다. 보초를 선 수비대원이 쌍안경으로 살펴보니 '다이센'이라는 이름이 나타났다. 다이센호(48톤급)는 서도 쪽으로 돌아가더니 곧바로 몽돌해안에 정박했다. 파도에 깎여 동글동글한 바위가 깔린 해안에 선원 한 명이 내렸다. 그가 사진기로 어민들의 모습을 찍기 시작했다.

 손쓸 겨를도 없이 일본 선박이 독도에 상륙하자 대원들은 당황했다. 하필 이날 홍순칠 대장은 보급 물자를 가져오기 위해 울릉도에 가고 없었다. 대원들이 급하게 의논했다.

 "배에 무기는 없는 것 같다. 우리가 가서 직접 항의하자."

 대원들 6명이 동도 정상에서 가파른 바위 계단을 미끄러지듯

뛰어 내려가서 전마선에 올라탔다. 동도에서 서도로 바다를 건넜다가 서도를 한 바퀴 빙 돌아서 반대편 몽돌해안 쪽으로 갔다. 대원들은 전마선을 다이센호에 가까이 붙인 뒤 날쌔게 올라탔다. 그 배의 선원은 모두 11명이었다.

"당신들은 어째서 함부로 남의 영토에 상륙합니까? 독도는 한국 영토이니 당장 떠나세요."

대원들은 모두 일본어를 유창하게 말할 수 있었다. 다이센호 선장이 앞으로 나섰다.

"우리 배는 돗토리현의 어업 실습선입니다. 다케시마에서 꽁치잡이를 하기 위해 미리 조사해 두려고 왔는데 일본 영토 표지판이 뽑혀 있고, 한국인들이 미역을 채취하고 있군요. 다시 말해 두겠지만 여기는 일본의 영토입니다. 우리는 일본 해역에서 어업을 위한 정당한 조사 활동을 하고 있습니다."

"뭐요! 독도가 왜 당신들 땅이요? 독도는 옛날부터 울릉도 사람들의 어장이라고요. 잠시 나라를 당신네에게 빼앗기긴 했지만, 독도가 일본 땅이란 소리는 가당치 않아요!"

대원들이 흥분하여 기세를 올리자, 일본인 선장과 실습생들이 당황했다. 이제까지는 어민들에게 '어디서 왔느냐, 여기가 일본 영해란 것을 모르느냐' 따위의 질문을 하면서 적당히 위협을 하곤 했는데, 이번에는 전혀 통하지 않았기 때문이다.

"우리는 평화적인 조사 활동을 하고 있습니다. 당신들이 우리 배에서 내린다면 우리도 조용히 물러가겠습니다."

"당신들은 이미 평화를 깨뜨렸소. 저길 보시오. 고기잡이하던 어선들이 모두 바위 옆에 숨어 있지 않소."

"아무튼 이곳에서 조업할 권리는 일본 어민들에게 있습니다. 여러분은 지금 불법으로 조업을 하고 있는 것입니다."

'불법'이라는 말에 대원 중의 한 명이 엄한 목소리로 따졌다.

"나는 전쟁에서 돌아온 상이용사요. 울릉도에서 우리 상이용사들에게 전쟁에 참가한 공로를 인정해 독도 미역을 채취할 권리를 주었소. 당신들은 일본 어민들에게 그런 권리를 줄 수 있소? 예나 지금이나 독도는 울릉도 사람들이 고기를 잡는 한국 땅이오. 어서 배를 돌려 당신네 나라로 돌아가시오!"

대원들이 기세 좋게 따지자 다이센호 선원들은 더 이상 할 말이 없었다. 어찌 되었든 지금 한국이 독도를 차지하고 어업을 하고 있기에, 이 상황을 뒤집으려면 일본이 무력으로 독도를 침공하는 것 말고는 다른 방법이 없었다. 대원들이 배에서 내리자 다이센호는 급히 배를 돌려 물러갔다.

　대원들은 멀어져 가는 다이센호를 바라보면서 가슴을 쓸어내렸다. 이번에도 별다른 충돌 없이 배를 돌려보냈기 때문이다.

'한국령' 글자를 새기다

일본인들은 독도에 침범해서 한국 영토 표지판을 보면 곧바로 뽑아 버리고 일본 영토 표지판을 설치했다. 그러다 우리가 한국 영토 표지판으로 바꿔 놓으면 어느새 다시 일본 영토 표지판을 세웠다. 이러한 도발 행위는 독도에 수비대가 들어오고 나서야 멈췄다. 대원들은 쉽게 뽑을 수 있는 나무 팻말 대신에 지워지지 않는 표시를 하기로 했다. 바로 독도가 한국 영토라는 것을 돌에다 새기는 방법이었다.

 울릉도에 사는 서예가 한진호를 모셔와 바위에 글자를 새겨 달라고 부탁했다. 위치는 일본이 독도에 접근할 때 잘 보이도록 동도 정상 부근의 바위 절벽으로 정했다. 대원들이 먼저 정으로 쪼고 숫돌로 갈아서 글자 쓸 바탕을 마련해 놓았다. 한진호는 정으로 땅땅 글자를 쪼아 나갔다. 韓(한), 國(국), 領(령), 한 획씩 그어

질 때마다 바위의 속이 하얗게 드러났다. 글자가 모두 새겨지고 나니 독도에 멋진 문패를 단 것 같았다.

　한 달 정도 평화로운 시간이 흘렀다. 그러다 하루는 일본 순시선 두 척이 한꺼번에 접근해 왔다. 그때 대원들은 동도의 기지에서 내려와 서도에서 천막을 치고 있었다. 순시선을 발견하자 대원들이 곧바로 경계 태세에 돌입했다. 그들은 동도의 한국령 글자와 서도의 천막을 살펴보는 듯하더니 곧바로 돌아갔다.

일본 선박들이 순순히 돌아가기만 한 것은 아니었다. 1954년 8월 23일 오전 8시쯤이었다. 일본 순시선 한 척이 수평선 너머로 모습을 보이더니 계속 독도 쪽으로 다가왔다. 그동안에도 몇 번씩 먼바다에 슬쩍 나타났다가 사라지곤 했는데, 이번에는 아주 상륙할 작정을 하고 접근하는 것 같았다.

순시선이 700미터 거리에 접근했다. 경계를 서는 대원이 쌍안경으로 살펴보니 '오키'라는 선박명이 보였다. 오키호에는 거대한 대포가 두 문이나 장착되어 있고, 갑판에 승무원이 30명 넘게 올라와 있었다. 저들이 대포를 앞세워 상륙한다면 수비대원들의 안전을 보장받지 못하는 것은 물론이고, 독도를 아예 빼앗겨 버릴지도 모른다는 생각이 들었다.

오키호가 정지 신호를 무시하고 500미터 거리까지 접근해 와서는 동도를 지나 서도 쪽으로 다가왔다. 이대로 두면 곧 상륙할 것이 뻔했다.

"전원 전투태세로!"

대원들은 능숙하게 서도 해안 동굴에 몸을 숨기고, 총구를 오키호 쪽으로 겨누었다. 오키호 쪽에서도 대원들을 관측했다. 오키호의 포가 대원들 쪽을 조준한다면 그 순간 모든 것이 끝장날 것 같았다. 그 전에 결단을 내려야 했다.

"발사!"

"드르르륵!"

오전 8시 40분쯤 기관총이 총탄을 내뱉었다. 총격은 무려 10분 동안 이어졌다. 탄환 600여 발이 오키호를 향해 날아갔다. 오키호는 마침내 방향을 돌려 멀어져 갔다. 대원들의 소총과 기관총의 총신이 벌겋게 달아올라 있었다.

다음 날, 울릉군청 직원들이 독도로 찾아왔다. 배에서 그들이 대원들에게 소리쳤다.

"여기 좀 도와주이소."

"아니, 이게 뭡니까?"

배에는 높이가 120센티미터 정도 되는 화강암 표석이 실려 있었다. 대원들과 군청 직원들이 힘을 합해 표석을 배에서 내렸다. 표석에는 이렇게 새겨져 있었다.

大韓民國 慶尙北道 鬱陵郡 獨島之標

(대한민국 경상북도 울릉군 독도지표)

군청 직원과 대원들은 표석을 동도 몽돌해안에 세웠다. 민간인으로서 외국 선박과 총격전까지 치른 대원들은 독도가 한국 땅임을 알리는 표석을 보면서 자신들이 영토를 지켰다는 자부심을 느낄 수 있었다.

일본 선박이 연이어 독도에 침범하고 총격전까지 벌어지자, 우리나라 경찰도 가만히 있지는 않았다. 독도에 경찰관을 파견했다. 경찰은 동도 정상에 있던 대원들의 경비 막사를 헐어 내고 새 막사를 지었다. 물론 대원들도 힘을 보탰다. 막사가 완성되고 이때부터 대원들과 경찰이 함께 생활하면서 독도를 경비했다.

가짜 대포 작전

대원들은 일본의 순시선을 물리친 이후에 더 불안해졌다. 이왕 총격전까지 벌어진 마당에 일본이 어떻게 나올지 몰랐기 때문이다. 일본의 무장 순시선이 총과 대포 따위의 무기를 쓰기로 한다면야 백 번이고 천 번이고 대원들이 이길 수 없었다. 게다가 9월에 이르러서는 매달 23일에서 25일 사이에 순시선 한 척 혹은 세 척이 수평선 위로 나타났다가 잠시 후 모습을 감추곤 했다. 그때마다 대원들의 평화로운 생활이 깨지고 즉각 전투태세로 들어가야 했다. 이런 일이 반복될수록 대원들의 긴장감은 커져만 갔다.

어느 날, 맑은 가을 하늘 아래 두 대원이 먼바다를 경계하고 있었다.

"이러다가 진짜 전쟁이라도 나는 거 아니야?"

"그런 소리 마라. 우리는 겨우 총 몇 자루가 고작인데 진짜 전쟁 나면 어떻게 하려고."

"그럼 우리도 대포가 있으면 되겠네."

"영호, 너 아침에 뭐 잘못 먹었냐? 여기에 무슨 대포가 있어?"

"없으면 만들면 되지."

포병 출신인 김영호 대원의 말은 나무를 깎아서 가짜 대포를 만들어 설치하면, 멀리서 봤을 때 진짜처럼 보이지 않겠냐는 거였다. 이왕 만드는 거 크게 만들어서 가까이 얼씬도 못 하게 하자고 했다.

"쟤들이 이렇게 생각하지 않겠나. 지난번에 총을 그렇게 쏘아대던 놈들인데, 대포는 못 쏘겠냐고 말이야. 하하하!"

그렇게 해서 나무로 가짜 대포를 만들고 동도 정상에 포진지도 지었다. 포구 직경이 20센티미터나 되는 왕대포였다. 게다가 포신이 좌우로 빙빙 돌아가기까지 했다. 위장막을 씌워 놓으니 영락없는 해안 방어용 대포처럼 보였다.

가짜 대포의 효과를 검증하는 데는 그리 긴 시간이 걸리지 않았다. 바로 다음 날, 일본 함선 한 척이 수평선 너머에 나타났다가 머뭇머뭇하더니 그대로 돌아갔다. 그리고 나서 얼마 뒤 10월 2일에 일본 해상보안청 순시선인 '오키호'와 '나가라호'가 나란히 독도

남서쪽으로부터 침범해 왔다. 수비대원들은 살짝 걱정이 앞섰다.

'이번에는 대포가 가짜란 걸 알아챈 게 아닐까?'

어찌 되었든 지금 믿을 것은 가짜 대포밖에 없었다. 대원들이 재빨리 위장막을 걷어 내고 포신을 돌려 일본 함선 쪽으로 조준했다. 함선이 속도를 점차 줄이더니 급히 방향을 바꾸어 돌아갔다. 독도로 접근하면서 대포를 관찰하기는 했지만, 그렇게 과감하게 조준까지 할 줄은 몰랐던 모양이었다.

"와하하하!"

대원들은 큰 함선 두 척이 가짜 대포에 놀라 꽁무니를 빼는 꼴이 우습기 그지없었다.

이렇게 가짜 대포 작전은 대성공을 거두었다.

예기치 못한 희생

 대원들의 활약은 정부에까지 알려졌다. 일본 신문에도 크게 보도되었다. 충격 사건이 있은 뒤 일본 의회는 앞으로 '다케시마' 문제에 강력하게 대응해야 한다고 목소리를 높였다. 일본 정부도 한국 정부에 항의했다. 일본은 독도 의용 수비대를 '해적 집단'으로 간주했다. 울릉도 주민이 순수한 마음으로 독도를 지킨다고는 미처 생각하지 못했다.
 하루는 경상북도 경찰국에서 무선으로 연락이 왔다. 경찰국장이 독도를 위문차 방문하겠다는 거였다. 그 소식을 듣고서 통신을 담당하는 허학도 대원은 걱정이 앞섰다.
 "지금 남쪽에서 큰 태풍이 올라오고 있습니다. 독도에 오는 건 매우 위험합니다."
 허학도 대원의 경고에도 아랑곳하지 않고 경찰국장을 비롯해 경찰악대, 부인회, 신문 기자까지 한꺼번에 많은 사람이 독도에 몰려왔다. 이들은 대원들의 도움을 받아 밧줄을 부여잡고 절벽에 낸 계단을 밟아 동도 정상까지 올라갔다. 동도 정상의 평평한 땅이 사람들로 그득해졌다. 악대의 연주에 맞추어 모두 애국가를 불렀다.

시간이 갈수록 바람이 점점 거세졌다. 경비대 막사의 태극기가 찢어질 듯 펄럭였다. 경찰국장은 아랑곳하지 않고 격려사를 읽어 나갔다. 바람 때문에 제대로 서 있기도 힘들 정도가 되자 홍순칠 대장이 급히 행사를 중단시켰다.

올라올 때보다 내려갈 때가 더 위험했다. 강한 바람 때문에 밧줄을 잡은 몸이 휘청거렸다. 대원들이 한 사람씩 떠안고 부축해 가면서 내려 주었다. 경찰국장은 대원들에게 박격포 1문과 포탄 200발을 전달했다.

그때 날카로운 비명이 바람을 가르며 울렸다. 누가 밧줄을 놓치고 절벽에서 미끄러지고 있었다. 바로 태풍 때문에 위험하다고 경고했던 허학도 대원이었다. 절벽 아래는 삐죽삐죽한 바위투성이였다.

모두 놀라서 아무 말도 하지 못했다. 점점 더 바람이 거세게 불고 파도가 거칠어졌다. 슬퍼할 겨를조차 없었다.

"모두 배에 올라타세요. 어서요! 한시라도 지체하면 바다에 빠져 죽습니다."

허학도 대원의 시신은 함께 온 어선에 실었다. 경찰 경비정이 독도를 떠나갔다. 대원들은 멀어져 가는 배들을 바라보다 그만 다들 엉엉 울어 버렸다.

마지막 임무 앞에서

 독도의 아침 날씨가 무척 쌀쌀해졌다. 대원들이 독도에 들어온 때가 5월의 봄이었는데, 어느새 계절은 가을로 접어들었다. 평소에는 미역을 따지만, 일본 선박이 보이면 전투태세로 전환하는 긴장된 나날이었다. 그리고 예기치 못한 동료 대원의 죽음까지 겪고 나니 대원들도 조금씩 지쳐 갔다.

 "언제까지 우리 힘으로만 독도를 지킬 수는 없어. 무기도 시원찮은 데다, 우리가 경찰이나 군인도 아니고. 우리는 어디까지나 울릉도 주민일 뿐이니까."

 "그래, 네 말이 맞아. 하지만 우리가 아니면 누가 독도를 지키겠어. 당장 우리가 빠져나가 봐라. 저놈들이 당장에라도 독도를 차지하고 말 거다. 독도를 빼앗겨 버리면 울릉도 사람들은 큰일 나는 거야."

"울릉도 사람만 문제가 아니다. 우리나라가 일본에 나라를 빼앗기고 산 세월이 얼마야. 해방되고 나서도 이 작은 섬 하나 못 지킨다고 하면 말이 안 되지."

"누구는 그걸 모르나. 저놈들이 혹시나 독하게 마음먹고 대포 몇 방 날리면 어쩔 거냐는 말이다."

대원들의 마음속에는 여러 가지 감정이 복잡하게 섞여 있었다. 독도를 지킨다는 자부심이 있었고, 더불어 고향 울릉도 사람들의 어장을 보호해야 한다는 의무감에 매여 있었다. 거기에 여러 번 일본 선박을 물리치면서 쌓인 승리감과 그 뒤에 찾아오는 불안감이 대원들의 마음을 괴롭혔다.

11월 2일, 이른 아침이었다. 경계를 서는 대원들의 눈에 일본 순시선 두 척이 모습을 드러냈다. 그런데 이전과 달랐다. 한 척은 서도의 북쪽으로 돌아서 오고, 한 척은 동도를 향해서 왔다. 마치 독도를 포위하려는 듯 위협적인 움직임이었다. 두 순시선이 서도와 동도에서 약 1300미터 떨어진 거리에 멈추더니 닻을 내렸다. 아마 더 가까이 접근하기 위한 준비를 하는 듯했다.

"대장님, 배에 대포가 두 문이나 장착되어 있습니다."

순시선은 중무장한 상태였다. 갑판에서 대기하고 있는 선원들도 보였다. 대원들은 저 대포가 자신들을 향할지도 모른다고 생각하니, 두려움에 앞서 비장한 각오가 섰다. 어쩌면 이번이 마지막 임무일 수도 있기 때문이었다. 홍 대장이 대원들에게 명령을 내렸다.

"그래, 올 것이 왔구나. 내가 권총으로 신호를 하면 사격을 시작한다. 서기종 대원이 박격포를 발사하고 그다음에 중기관총 사수들은 함선 지휘탑을 집중 사격하여 파괴하라!"

예상대로였다. 순시선은 그냥 돌아갈 마음이 없었다. 1000미터를 지났다. 이미 그들의 포 사거리에 대원들이 들어와 있었을 것이다. 500미터 지점까지 접근하자 홍 대장의 권총에서 총성이 울렸다.

"전원 사격!"

먼저 소총이 총탄을 연달아 내쏘았다. 순시선은 멈칫하는가 싶더니 계속 접근해 왔다. 다음은 박격포 차례였다. 그런데 박격포에 당연히 달려 있어야 할 가늠자가 없었다. 가늠자가 없으면 목표물의 거리에 따라 포를 어느 각도에 놓고 발사해야 할지 알 수 없었다. 박격포 사수 서기종 대원은 원래 특등 포수 출신이었다.

눈대중으로 순시선까지의 거리를 잡더니 포탄을 포신 속에 떨어뜨렸다.

"푸슉!"

포가 큰 궤적을 그리며 날아가더니 순시선을 넘어 뒤편 바다에 풍덩 떨어졌다. 순시선 갑판에 있던 선원들은 머리 위로 박격포 포탄이 날아오자 화들짝 놀랐다.

"푸슉, 푸슉!"

포탄은 두 발, 세 발, 네 발까지 날아갔다. 모두 순시선 바로 근방에 떨어졌다. 드디어 서기종 대원은 어느 각도로 쏴야 할지 감을 잡았다. 순시선이 계속 접근하고 있었으므로 포의 각도를 조금 더 높게 잡았다.

다섯 발째 포탄이 포신을 벗어나 하늘 높이 치솟더니 다시 아래로 떨어져 순시선 갑판에 그대로 내리꽂혔다.

"쾅!"

명중이었다. 갑판에 검은 연기가 피어올랐다. 순시선 두 척은 더 이상 접근하지 못하고 되돌아갔다.

"야, 이번에도 우리가 이겼다!"

대원들은 모두 모여 큰 소리로 승리를 외쳤다. 그동안 마음속에

쌓여 있던 불안감이 한순간에 날아갔다. 일본이 다시 독도를 침범한다 해도 다시 물리칠 수 있다는 자신감이 차올랐다.

"우리가 고생한 보람이 있네. 이제 독도는 아무도 건드리지 못할 거다."

대원들은 독도에 처음 들어와서 식량과 물이 부족해 고생하던 때부터 소총 한 자루를 들고 무장 순시선에 맞섰던 순간까지가 모두 이날을 위해서였다고 생각했다.

이번 사건은 한국과 일본, 양국 간에 큰 문제로 떠올랐다.

"다케시마에 '해적'이 활개를 치고 있는데, 한국과 일본이 같이 소탕해야 하지 않겠습니까?"

"해적이 있든지, 소탕을 하든지 그건 우리 한국 영토인 독도에 관계된 일이니 일본이 신경 쓸 일이 아닙니다."

"그렇다면 우리 일본 순시선이 입은 피해는 어떻게 생각하시는 겁니까?"

"아, 그러길래 왜 남의 영해를 함부로 침범하는 거요? 일본이 먼저 사과하시오!"

1954년 12월 31일, 독도 의용 수비대가 해산되었다. 그럼 독도는 누가 지켰을까? 대원들 9명이 경찰로 특별 채용되어 독도에 그대로 남았다. 1955년부터 독도는 '독도 경비대'가 지키기 시작했다. 한국전쟁으로 독도를 미처 돌아볼 경황이 없는 틈을 타서, 일본이 독도를 은근슬쩍 점령하려던 계획은 물거품이 되었다. 독도 의용 수비대가 독도에 머무르면서 강력하게 저항한 덕분이었다.

  우리나라 사람들은 일본에 나라를 빼앗기고, 동족인 북한과 전쟁을 겪으면서 영토가 얼마나 소중한 것인가를 뼈저리게 느꼈다. 독도 의용 수비대가 지켜 낸 동해의 작은 바위섬, 독도는 한국인들의 마음속에 지켜야 할 우리 영토의 상징으로 자리 잡았다.

독도 의용 수비대

독도에 모인 청년들, 그들은 누구인가?

최근 독도에 연이어 일본 순시선이 침범함에 따라 한일 양국의 뜨거운 관심이 집중되고 있다. 그런데 이 상황을 보고, 독도를 지키겠다며 발 벗고 나선 젊은이들이 있어 화제다. 나울릉 기자가 독도 현지로 출동해 이들을 만나 보았다.

독도 전경
독도는 경상북도 울릉군 울릉읍 독도리에 속한 대한민국의 섬이다. 2개의 큰 섬인 동도와 서도, 주변의 크고 작은 89개의 섬으로 이루어져 있다.

독도 의용 수비대에 관해 소개 부탁드립니다.

대장이 대표로 인사드리겠습니다. 안녕하십니까? 저는 대장 홍순칠이라 하고요. 저희는 모두 울릉도 청년들입니다. 독도에 일본 순시선들이 자꾸 침범해서 울릉도 사람들이 조업을 하지 못하는 걸 보고, 이래서는 안 되겠다 싶어서 수비대를 조직하게 됐습니다.

독도에서 생활하기 힘들지 않습니까? 숙소며 식량 같은 것은 어떻게 해결하시나요?

처음에는 서도 물골에 있다가 나중에 동도 정상에 정식으로 막사를 짓고 생활했습니다. 식량은 주로 울릉도에서 보급을 받고요. 아니면 독도에 널린 미역이나 전복을 따 먹거나 문어를 잡아서 먹습니다. 파도가 세게 쳐서 보급선이 못 오면 낭패를 보지요. 한번은 보급선이 왔다가 파도 때문에 배를 대지 못하고 그냥 돌아간 적도 있습니다. 그러면 며칠이고 쫄쫄 굶을 수도 있고요. 식량 문제도 있지만, 무엇보다 안전하게 지내는 데 신경을 씁니다. 여기는 잔잔하다가도 갑자기 돌풍이 불어서 바다가 뒤집힐 때가 있거든요. 배를 타고 있을 때나 바다에서 식량을 채취할 때 조심해야 합니다. 그리고 밤에는 '깔따구'란 곤충 때문에 괴롭습니다. 크기는 좁쌀만 해도 모기보다 훨씬 독합니다. 한 번 쏘이면 심하게 붓고 엄청 아프거든요.

독도에 접근하는 순시선에 총격을 가해 퇴치했다고요. 혹시 반격을 당하기라도 하면 매우 위험했을 텐데요. 그때 심정이 어떠셨습니까?

저희는 진짜로 독도를 지켜야겠다는 마음 하나뿐입니다. 목숨이 위험할 때도 있지만 다행히 이때까지 무사히 임무를 수행하고 있습니다. 일본에게 '당신들이 독도에 침범하는 거를 우리가 그냥 보고 있지는 않을 것이다.'라는 걸 보여 주는 것이 중요하지요. 그런데 솔직히 우리도 사람인지라 대포를 장착한 순시선이 다가오면 겁이 납니다. 대장으로서 공격 명령을 내려야 할지, 그대로 두고 보아야 할지 판단이 쉽지 않았습니다. 하지만 우리가 아니면 누가 독도를 지키겠냐는 생각에 공격을 개시했지요.

평소에는 주로 무엇을 하며 지내십니까? 젊은 대원들이 독도에서 무척 심심할 것 같은데요.

아닙니다. 심심할 틈이 없습니다. 매일 대원들끼리 순번을 정해서 경계 근무를 섭니다. 그리고 우리가 독도에서 미역을 채취하거든요. 그 밖에 식량 구하고, 밥하고 하다 보면 하루가 훌쩍 지나가 버립니다.

독도 의용 수비대는 언제까지 활동하실 계획입니까?

일본이 더 이상 독도에 얼씬거리지 않을 때까지 우리는 임무를 중단하지 않을 겁니다. 하지만 다들 자기 생계가 있으니 언제까지고 독도에 있지는 못하겠지요. 그때는 나라에서 독도에 정식으로 경찰을 배치해 줘야 하지 않을까 싶습니다.

일제 식민 지배를 받은 것도 억울한데, 일본이 호시탐탐 독도를 노리고 있으니 국민의 한 사람으로서 분통이 터지네요. 그러나 오늘 독도 의용 수비대같이 애국심과 용기를 지닌 청년들을 만나니 마음이 든든합니다. 이상, 독도에서 나울릉 기자였습니다.

독도 영토 표석
독도 동도 선착장 근처에 세워진 영토 표석이다. 독도가 한국 땅임을 알려 주는 표식으로, '대한민국 경상북도 울릉군 독도지표'라고 한자로 새겨져 있다.

최종덕

독도의 첫 번째 주민이 되다

난 독도에 가서 살 거야

울릉도 사람 최종덕은 요즘 기분이 좋았다. 대구에 나가 따로 살고 있던 아내와 아이들 넷이 모두 울릉도로 돌아왔기 때문이다. 그러나 한편으로 많은 식구를 어떻게 먹여 살릴지 궁리하느라 바빴다. 원래는 울릉도에서 약초를 재배하고 오징어 장사를 했는데, 이제 그걸로는 자라나는 아이들을 키우기에 부족했다.

최종덕이 어느 날 아내에게 말했다.

"내 독도에 들어갈 기다. 아예 살 작정으로 간데이."

"독도에서 산다고예? 독도에 사람 살 데가 어딨는교?"

"내가 작년에 미역 따는 사람들하고 독도 가서 석 달 살았다 아이가. 물골이라고 동굴 안에 작은 샘이 솟아난다. 물이 좀 짜기는 한데 먹을 만해. 물이 있으니 식량하고 땔감만 준비해서 가면 못 살 건 없을 기라."

"아이고, 막내 태어난 지 얼마나 됐다고 또 떨어져 살자 하는교. 나는 그리 못 합니데이."

"여보, 내 말 좀 들어 봐라. 독도에 미역이 천지다. 바다에 물 반, 미역 반이라. 몇 달만 있을 게 아니라, 아예 터를 잡고 살면 미역이며 전복이며 얼마나 많이 딸 수 있겠나. 그러면 우리 식구 먹고사는 건 걱정 없는 기라."

아내 조갑순은 한숨만 푹 쉴 뿐이었다. 남편이 워낙 손재주가 뛰어나고 궁리가 좋기로 소문난 사람이었지만, 독도에 들어가 살겠다는 말은 정말 뜻밖이었다. 독도는 일 년에 절반은 흐리고, 눈비가 내리는 곳이었다. 바람은 또 얼마나 자주, 거세게 부는지 몰랐다. 습한 날씨에 땅이 척박하고 바닷바람이 세차게 불기 때문에 농사는 애초에 불가능했다. 또 섬에 평평한 땅이 없어서 집을 짓기도 어려웠다. 사람이 살기에 최악의 조건이었지만, 최종덕은 고집을 꺾지 않았다. 1965년 2월, 최종덕은 독도로 들어갔다.

처음 독도에 들어갔을 때는 물골 안에다 움막을 짓고 살았다. 물골은 독도 서도 북쪽의 움푹 들어간 지형에 있는 동굴인데, 독도에서 유일하게 샘물이 나왔다. 동굴 속에 있으니 비바람은 맞지 않았지만, 북쪽을 바라보는 곳이라 종일 햇볕이 들지 않았다. 거기에 바닷바람이 들이쳐서 항상 습기가 많았다. 최종덕은 추위와 습기를 견디기 위해 울릉도에서 가져간 나무로 모닥불을 피웠다. 가장 큰 문제는 큰 파도 때문에 배를 안전하게 정박할 수 없는 것이었다. 물골은 날씨가 좋은 시기에 두세 달 정도 머물 수는 있어도 사람이 계속 살기는 힘들었다. 그때부터 최종덕은 독도의 이곳

저곳을 돌아보며 집 지을 만한 곳을 찾았다.

독도는 사방이 깎아지른 절벽이어서 집을 지을 만큼 평탄한 곳이 거의 없었다. 그리고 해가 잘 드는지, 바람이 심하게 불어닥치지 않는지도 살펴야 했다. 최종덕은 이듬해가 되어서야 물골과는 반대 방향인 덕골에 집터를 정했다.

'여기는 남향이라 해가 잘 드는구나. 또 주변에 바위들이 감싸고 있어서 태풍이 와도 견딜 수 있을 것 같군. 그런데 물이 문제야. 여기서 물골까지 가려면 배를 타고 섬을 빙 돌거나 절벽으로 된 돌산을 넘어야 하는데…….'

집터라고 해도 비스듬한 돌벽일 따름이었다. 집 바닥을 닦고 벽을 세우기 위해서는 돌을 일일이 망치로 쳐서 깨뜨려야 했다. 다행히 독도는 화산섬이라서 돌이 육지처럼 단단하지는 않고, 망치로 때리면 '퍽퍽' 하고 부스러져 내렸다. 그렇게 만든 집터에 흙을 이겨서 담을 쌓고 슬레이트를 몇 장 얹어 지붕을 만들었다. 비록 허름하고 좁은 집이었지만 독도에 처음으로 사람이 사는 집이 지어졌다.

집을 짓고 나서 물골의 샘에 시멘트로 저수조를 만들어 물을 받아 놓을 수 있게 했다. 이렇게 해서 독도에 처음으로 사람이 살 집과 충분한 물이 확보되었다. 1967년, 최종덕은 물골을 떠나 덕골에 새로 지은 집으로 이사했다.

한편 최종덕은 독도 어장 채취권을 얻었다. 원래는 아무나 자유롭게 독도에 가서 어업을 할 수 있었는데, 1957년부터 울릉도 어민들이 규칙을 마련해서 어느 한 사람만 독도에서 어업을 할 수 있도록 했다. 한 사람이 독도 어장 채취권을 얻으면 일 년 동안 어업을 하고, 다음 해에는 다른 사람이 또 이어서 하는 식이었다.

최종덕은 1965년 3월에 독도 어장 채취권을 처음 얻은 뒤 22년 동안 권리를 유지했다. 최종덕에게 독도는 한철 와서 머무르는 곳이 아니었다. 매년 10월쯤 독도에 들어가서 이듬해 6월 말이나 7월 초에 나왔다. 해충이 들끓고 태풍이 닥쳐오는 여름 몇 달을 제외하고 항상 독도에 터를 잡고 살았다.

제주 해녀들과 함께 일하다

미역은 식량이 부족한 시절에 귀한 먹거리였다. 아이를 낳은 엄마는 꼭 미역국을 끓여 먹었다. 그런 미역이 독도에는 지천으로 깔려 있었다. 독도에 미역을 따러 많은 사람이 들어갔지만, 서로 많이 따려고 다투는 법이 없을 정도로 바닷속 바위에는 미역이 빽빽하게 자랐다. 미역 말고도 전복, 문어, 소라 등 다른 해산물도 많았다. 그러나 미역이 가장 값나가는 상품이었기에 다른 것은 제쳐두고 미역을 먼저 땄다.

미역을 따려면 물속에 들어가야 했기 때문에 어부들이 해녀 여러 명을 데려와 함께 일했다. 특히 제주도 해녀가 많이 와서 일했다. 독도 의용 수비대가 있던 시기에도 제주도 해녀들이 물골에서 거주하며 미역을 땄다. 최종덕은 1969년에 제주도로 가서 약 30명의 해녀들을 모집해 왔다.

해녀들은 마음 맞는 사람끼리 서너 명씩 짝을 지어 일했다. 아침에 물에 들어가서 바위에 붙어 자라는 미역을 잘라 광주리에 담으면, 뗏목이 돌아다니면서 미역을 거두어들였다. 물골 앞 자갈밭에 불을 피워 놓아, 물질하느라 몸이 차가워진 해녀들이 나와서 불을 쬐었다. 지금처럼 잠수복이 아니라 면으로 된 한복 저고리를 입었기 때문에 차가운 바닷물에서 해녀들은 체온이 떨어지기 쉬웠다. 그런데 독도에는 땔감이 없었다. 불을 때려면 울릉도에서 가져온 나무를 써야 했다. 최종덕은 바다에 떠내려오는 밧줄 같은 것들을 건져다가 말려서 땔감으로 썼다.

해녀들은 오후 서너 시까지 일하고, 따 놓은 미역을 바위에 널어서 건조시켰다. 미역을 많이 땄기 때문에 나중에는 바위란 바위에는 죄다 미역이 널려 있었다.

1970년대 중반에 이르자 미역을 바다에서 따는 게 아니라 길러서 채취하기 시작했다. 바다에서 조개나 김 따위의 해산물을 기르는 것, 즉 양식을 해서 미역을 얻게 된 것이다. 이렇게 되자 자연산 미역의 가격이 내려갔다. 최종덕은 이제 미역 채취 말고 다른 일을 해야 했다.

'그래 이제 전복을 해 보자. 처음 독도에 들어올 때부터 전복 양

식을 하려고 했으니까.'

전복 역시 값나가는 해산물이었다. 게다가 특별한 기술을 사용하면 전복에서 진주를 얻을 수도 있었다.

최종덕은 1973년에 제주도 구좌읍으로 갔다. 미역을 처음 따기 시작했을 때 해녀를 모집했던 곳이었다. 거기서 해녀 고순자와 문영심을 만나 함께 독도로 왔다. 두 해녀는 그때부터 무려 18년 동안이나 최종덕과 함께 일을 했다. 최종덕이 독도에서 살며 어업을 할 수 있었던 것은 이 두 사람 덕분이었다.

전복 역시 미역과 마찬가지로 바닷속에 들어가 바위에 붙은 것을 손으로 따야 얻을 수 있었다. 다만, 미역과는 달리 전복을 딸 때는 산소 호스가 연결된 잠수복을 입고 바다 깊은 곳에서 긴 시간 동안 작업을 했다.

무거운 잠수복을 입은 해녀가 한참 만에 수면으로 올라왔다. 최종덕이 망을 받아서 들여다보더니 실망하는 빛을 감추지 못했다.

해녀가 숨을 고르면서 말했다.

"아멩 바당을 뒤져 봐도 전복이 맨딱 족은 것밖에 없수당. 미역은 경 한디 전복은 무사 이추룩 형편어신지 모르쿠다(아무리 바다 속을 뒤져 봐도 죄다 전복이 작은 것들뿐이에요. 미역은 그렇게 많더니 전복은 왜 이렇게 형편없는지 모르겠어요)."

돈이 되는 알이 큰 전복을 따려면 먼저 해결할 일이 있었다. 바로 전복을 잡아먹는 천적인 문어를 잡아야 했다.

최종덕이 해녀들에게 말했다.

"먼저 문어를 잡아야 합니데이. 문어들이 전복을 다 잡아먹어 버려서 큰 놈들이 없는 기라요."

"물꾸럭? 아이고, 삼촌. 이디 독도 물꾸럭 엄청난 거 알암수광? 물속에서 물꾸럭에 잘못 휘감기면 큰일 나주말시(문어요? 아이고, 아저씨. 여기 독도 문어들 엄청난 거 아시지요? 물속에서 문어에 잘못 휘감기면 큰일 나요)."

실제로 큰 문어에 한번 잘못 걸려들면 위험하기 때문에 경험 많은 해녀들도 문어를 잡을 때는 조심했다.

"그래도 전복을 따려면 어쩔 수 없어요. 좀 고생해 주이소."

그때부터 해녀들이 문어를 잡아 올렸다. 독도 문어는 무척 커서 무게가 60킬로그램짜리가 많았고, 큰 것은 70킬로그램에서 80킬로그램이나 되는 것도 있었다. 독도에는 이런 문어가 무척 많아서 해녀들이 문어를 조심할 수밖에 없었다. 잡은 문어는 모조리 삶아서 토막 내 자른 다음에 말려야 했다. 그런데 문어를 말리려고 펴

놓으면 가장 먼저 갈매기들이 날아와 다 먹어 버렸다. 망을 씌워 놓아도 소용없었다. 망 사이로 날카로운 부리를 들이밀고 맛있는 문어를 쏙쏙 빼 갔다.

  사실 문어는 그리 이익이 남지 않았다. 그래도 전복을 많이 채취하기 위해서는 문어를 계속 잡아들이는 수밖에 없었다. 그렇게 문어를 잡아들이자 그제야 알이 큰 전복들이 보이기 시작했다.

열여덟 경숙, 독도에 오다

최종덕이 독도에 처음 들어왔을 때 딸 경숙은 두 살배기 아기였다. 아버지의 독도 생활이 자리를 잡아 가는 동안 경숙은 어느덧 열여덟 살이 되었다. 최종덕은 사춘기로 마음을 잡지 못하고 있는 딸 경숙을 독도에 데려와 함께 살고 싶었다.

"아부지예, 지는 독도에 안 갈랍니더. 거기 가면 바다 말고 뭐가 있어예. 딱 감옥살이하는 거 같아서 죽어도 싫어예."

"니 독도가 얼매나 좋은지 아나. 아무 소리 말고 딱 한 달만 가서 있어 보자. 한 달 지나서 있기 싫으면 내가 금방 울릉도에 데려다줄게."

경숙은 아버지 말씀을 계속 거역하기도 어려웠다. 그냥 딱 한 달만 있다가 돌아오면 되겠지, 하고 마음먹었다.

경숙은 아버지의 배 덕진호를 타고 울릉도에서 밤 12시에 출발해 다음 날 아침 10시에 독도에 닿았다. 그때 처음 눈에 들어온 것이 서도의 바위 절벽에 지어진 집이었다. 경숙의 독도 생활은 그때부터 꼬박 13년 동안 이어졌다. 한 달이 13년이 된 것이다.

독도의 생활은 결코 쉽지 않았다. 아버지와 해녀 아주머니들을 도와 힘든 일을 하고, 좁고 불편한 곳에서 잠을 자야 했다. 좁은 방에서 8명이 함께 자기도 했고, 많을 때는 28명이 서도에서 지내곤 했다. 또 마실 물이 귀했기 때문에 머리를 감는다거나 씻는 것도 어려웠다.

독도의 하루는 새벽 4시 반에 시작했다. 경숙이 가장 먼저 일어나 사람들이 먹을 아침을 지었다. 먼저 쌀을 바닷물에 씻은 뒤, 물골에서 길어 온 물로 헹군 다음 밥을 했다. 물골에 파도가 들이쳐서 그 물도 짜기 때문에 밥을 지어 놓으면 짠맛이 났다. 이 밥은 뜨거울 때는 짠맛이 났지만, 식으면 쓴맛이 났다. 반찬은 울릉도에서 가져온 된장과 소금이 있었고, 독도에서 딴 미역과 소라, 전복 따위였다. 갈매기 알도 한 바구니 주워 모아서 삶아 놓으면 훌륭한 반찬이 되었다.

독도의 날씨는 맑은 날이 별로 없기 때문에 한 달에 고작 7일에서 8일 정도만 일을 할 수 있었다. 파도가 세게 치는 날에는 물골

에 가서 빨래를 하거나 목욕을 했다. 물골에 가려면 줄을 잡고 돌산을 넘어가야 했다. 경사가 어찌나 심한지 앞에서 끌어 주고 뒤에서 밀어 주면서 겨우겨우 산을 넘었다. 경숙은 머리를 감지 못해 힘들었는데, 샴푸 대신 괭이갈매기 알을 깨서 머리를 감아 보았더니 머릿결이 한결 부드러워졌다.

경숙은 하루하루 독도 생활에 익숙해져 갔다. 아버지를 볼 때마다 독도에 사람이 이만큼 살도록 일구어 낸 대단한 분이라고 여기면서도 한편으로는 답답한 마음이 들었다.

"아부지, 우리 그냥 울릉도에서 살면 안 돼예? 여기서 일하시는 것만큼 울릉도에서 하면 부자 소리 듣고 살 텐데예."

"경숙아, 니는 아직 모른다. 나중에 내 죽고 나면 독도에서 사람이 살았다는 게 어떤 의미인지 알게 될 거다."

최종덕에게 독도는 생계가 달린 자신의 삶터이자, 동시에 지켜야 할 나라의 영토였다. 독도에 살면서부터 일본이 독도를 자기네 땅이라고 하는 망언에 유달리 관심이 갔다. 그때부터 최종덕은 독도가 무인도가 아니라 사람이 사는 곳이 되어야 한다고 생각했다. 노력 끝에 1981년 최종덕과 아내, 딸 경숙까지 세 명이 주민등록 주소를 독도로 옮겼다. 처음으로 독도 주민이 탄생하는 순간이었다.

998계단

독도 생활에서 가장 중요한 것이 식수를 얻는 일이었다. 파도가 잔잔한 날은 물골까지 배를 타고 가서 물을 길어 왔다. 덕골에서 생활하는 사람이 많아서 물도 한 번에 많이 길어 와야 했기 때문에 특별한 방법을 썼다. 먼저 배에 큰 물통을 싣고 가서 물골의 저수조에 호스를 연결해 물을 통에 가득 채운다. 그러고 되돌아와 덕골의 물탱크로 물을 옮겼다. 그 물은 오직 밥하고 마시는 데만 썼다. 그 귀한 물로 빨래를 한다거나 얼굴을 씻는 것은 상상할 수 없었다.

독도는 바다가 잔잔할 때도 갑자기 돌풍이 불곤 했다. 1982년 11월에 동도에 주둔하던 독도 경비대원 두 명이 작은 뗏목을 타고 식수를 구하러 물골로 가다가 돌풍을 맞아 배가 뒤집혀 순직하는 사고가 일어났다.

최종덕은 어떻게 하면 안전하게 물골로 다닐 수 있을까 고민하다가 산을 넘어가는 계단이 있으면 되겠다는 생각을 했다. 곧바로 울릉군에 건의를 해서 계단 공사가 시작되었다. 그런데 공사 업체가 와서 깎아지른 절벽을 보더니 일주일 만에 포기하고 돌아가 버렸다. 어쩔 수 없이 최종덕이 직접 계단을 만들기 시작했다.

  먼저 시멘트에 섞어 넣을 자갈과 모래가 필요했다. 모래는 물골 옆 동굴에 있었는데, 양동이에 퍼 담아서 도르래를 이용해 산꼭대기로 끌어 올렸다. 부족한 모래는 동도의 바다 밑 10미터 아래에 있는 모래에 호스를 박아서 기계로 끌어 올렸다. 자갈은 산꼭대기의 돌을 망치로 부수어서 만들었다. 이런 힘든 일들을 제주 해녀 고순자와 문영심이 도왔고, 이들 덕분에 계단 공사를 무사히 마칠 수 있었다.

  모두 998개로 이루어진 계단이 완성되자 사람들은 더 이상 돌풍을 걱정하며 배를 타고 가지 않아도 되었다. 위험하게 줄을 잡고 바위 절벽을 타고 오르내리지 않아도 되어서 선원들과 해녀들, 그리고 독도 경비대원들까지 모두 완성된 계단을 보며 기뻐했다.

  사람이 거주하는 덕골과 물이 나는 물골이 계단으로 이어지면서 독도는 사람이 살 수 있는 땅으로 한층 더 자리매김하게 되었다. 그런 모습을 보는 경숙은 아버지가 자랑스럽게 느껴졌다. 누가 하라고 시킨 것도 아닌데, 독도에 살기 위해 저렇게 애쓰며 노력하는 모습에 자연스레 존경심이 들었다. 그와 함께 '나는 독도 사람이다.'라는 생각도 더욱 강해졌다.

모든 것을 앗아간 태풍 '다이너'

1987년 8월 30일, 최종덕은 울릉도 집에서 일기예보를 듣고 있었다. 태풍이 부는 7월과 8월에는 독도에서 나와 울릉도 집에 머물렀다. 텔레비전에서는 기상 해설위원이 심각한 표정으로 태풍 소식을 전했다.

"초대형 태풍 다이너가 계속해서 빠른 속도로 올라와 제주도 남쪽 200킬로미터 지점까지 다다랐습니다. 이 태풍은 남해안 충무(지금의 통영) 지방으로 상륙해 영남 지방을 지나서 내일 오전에는 포항 쪽으로 빠져나갈 것으로 예상이 됩니다. 강한 바람이 불고 많은 비가 내릴 것으로 예상되니 각별히 조심하시기 바랍니다. 태풍이 진로를 남쪽으로 약간 틀어 대한해협을 통과해 갈 가능성이 없는 것은 아니지만……."

"어휴, 큰일이네. 독도의 집과 건조장이 태풍에 견뎌 내야 할 텐데. 이번 여름도 무사히 넘기는가 싶었는데, 마음을 놓을 수가 없구나."

　독도에 들어간 지 20여 년 동안 숱하게 태풍이 몰려왔다. 그래도 덕골의 집은 주변 지형이 바람을 막아 주어 용케도 견디었다. 그런데 이번 태풍은 예전과 달랐다. 태풍 다이너는 힘이 넘쳤다. 특히 무시무시할 정도로 강한 바람을 몰고 왔다.

　태풍이 남동해안을 지나간 뒤 동해로 빠져나갔지만, 울릉도 사람들은 그때부터 태풍을 맞이해야 했다. 독도 또한 마찬가지였다. 태풍 다이너는 최종덕이 지은 독도의 집과 건조장을 완전히 부수고서야 물러갔다.

　최종덕은 안타까운 마음을 추스를 새도 없이 곧바로 복구 작업을 시작했다. 집을 다시 짓기 위해 자갈과 모래를 채취했다. 그리고 육지로 나가 집 짓는 데 쓸 자재를 구했다. 그러고 나서 울릉도로 돌아가는 길이었다. 최종덕은 포항 버스터미널에서 갑자기 쓰러졌다. 뇌출혈이었다.

독도에 새 가족이 탄생하다

헌신적으로 노력하여 독도를 사람이 사는 곳으로 만든, 최초의 독도 주민 최종덕은 안타깝게 독도를 떠났다. 그러나 독도가 다시 무인도가 되지는 않았다. 딸 경숙과 그의 남편, 그리고 두 살 된 아들 강현이 독도에 들어와 최종덕이 하던 일을 물려받고 함께 살았기 때문이다. 같은 해에 이들 세 식구가 모두 독도로 주민등록을 옮겼다. 독도에 새로운 주민 가족이 탄생한 것이다.

경숙은 둘째 아이를 독도에서 낳고 싶었다. 그렇게 해서 아이가 태어날 때부터 엄연한 독도 사람이 되게 하고 싶었다. 독도에서 아이를 낳는다고 하자 의사가 출산일에 맞추어 울릉도에 오기로 하고, 방송국에서는 헬리콥터까지 타고 와서 취재를 했다. 그러나 날씨가 나빠서 배를 띄울 수 없었다. 둘째 한별이는 비록 독도에서 태어나지는 못했지만, 엄마 아빠가 독도 주민이었기에 자연스럽게 '독도둥이'가 되었다.

 최종덕이 독도에 들어오기 전까지 독도는 사람이 살지 않는 '무인도'였다. 일본이 독도를 두고 자기네 영토라는 주장을 일삼을 무렵, 독도에 최종덕이 터를 잡고 산 것은 독도가 우리 영토임을 알리는 데 큰 도움을 주었다. 그때까지만 해도 독도는 모험심이 강한 한 사람이 유별난 노력으로 살아가는 곳이었다. 그러나 딸과 손자, 손녀까지 3대가 이어서 독도에 살아가면서 독도는 엄연히 사람이 살아가는 삶터이자 대한민국의 영토로 우리나라 사람들의 가슴속 깊이 새겨졌다.

최종덕

어부 최종덕 씨는 왜 독도에서 살고 있을까?

독도는 무인도였다. 그러나 지금은 사람이 사는 섬이 되었다. 바로 울릉도 어부 최종덕 씨가 독도 주민이 된 덕분이다. 그는 무엇 때문에 독도에 들어가 살고 있을까? 나울릉 기자가 다시 독도를 방문했다.

포란 중인 괭이갈매기
부화를 위해 알을 품고 있는 괭이갈매기의 모습이다. 천연보호구역으로 지정된 독도는 바다제비, 슴새, 괭이갈매기가 집단으로 번식하는 지역으로, 해조류, 어류, 곤충, 식물 등 다양한 생물이 살고 있다.

왜 독도에서 사십니까?

독도에 내 집이 있으니 살지요. 저기 보이는 건물이 허름해 보여도 제 손으로 바위벽을 망치로 뚜드려 깨고 깎아 내어 지은 집입니다. 처음에는 흙벽에 슬레이트 한 장 얹어 놓았지만, 지금은 꽤 지낼 만합니다. 그리고 저는 어부입니다. 어부가 배 타고 잡을 것 있으면 어디라도 가야지요. 기자님도 봐서 아시겠지만 독도는 미역이 천지입니다. 이거를 보고 어떻게 그냥 둡니까. 남들은 독도에 잠시 왔다 가지만, 저는 태풍 부는 여름 두어 달 빼고는 늘상 독도에 있으면서 이 귀한 거를 독차지할 수 있으니 얼마나 좋습니까.

지내시면서 불편한 점은 없습니까?

사람 사는 데 물이 가장 중요해요. 독도에서는 서도의 물골에서 유일하게 먹을 물이 나와서 매번 길어 옵니다. 그 양이 마시고 밥할 정도 양은 되는데, 씻고 빨래까지 하기는 부족합니다. 게다가 독도는 바람이 어찌나 습한지 그냥 멀쩡한 옷도 물에 젖은 것마냥 눅눅해지거든요. 해녀 아주머니들하고 일꾼들도 많은데 늘 습기가 많은 환경에서 살아야 하니 그게 고생이지요. 자주 씻지도 못하고요.

저기 보이는 계단을 직접 만드셨다고요. 참 대단하십니다.

모두 998계단입니다. 원래는 밧줄 타고 오르내렸는데 이제 계단이 있으니 편리하지요. 원래는 공사 업체에서 계단을 만들러 왔었어요. 그런데 절벽 경사를 보고는 못 하겠다고 바로 돌아가 버리는 거예요. 그러니 어떻게 합니까. 일일이 자갈하고 시멘트 섞어 가면서 만들었지요. 이제 독도에 집도 있고, 계단을 통해 물 길어 오기도 편해졌고 하니 살 만합니다. 허허.

주민등록까지 독도로 옮기셨는데, 특별한 이유가 있습니까?

일본에서 독도를 자기네 땅이라고 우기고 있잖아요. 저는 독도에 한국 사람이 산다는 걸 보여 줘서 이곳이 한국 땅이라는 것을 알리고 싶었습니다. 사람이 살아야 그 나라 영토로 인정받기가 쉽다고 들었거든요. 한국 사람이 살고 있는 바에야 누가 자기네 땅이라고 할 수 있겠습니까?

따님도 같이 와 있다고 들었습니다.

네, 처음에는 안 오려고 하더니 지금은 어엿한 독도 사람 다 됐습니다. 힘들 텐데 일도 많이 도와주고 그래요.

따님은 독도에 살아 보니 어떻습니까?

아버지 말씀 그대로예요. 저도 독도에 처음 왔을 때는 힘들었는데, 이제 적응이 돼서 괜찮습니다. 독도에서 생활한 지 벌써 10년이 훌쩍 지났거든요. 저는 나중에도 가족들과 함께 독도에 살고 싶습니다. 독도는 바다가 참 예뻐요. 저는 그래서 독도가 좋아요.

최종덕 씨와 따님 최경숙 씨가 독도를 무인도에서 유인도로 바꾸셨네요. 여전히 틈만 나면 일본은 독도를 자기 땅이라고 우기는데요. 최종덕 씨 덕분에 독도가 한국 사람이 사는 한국 영토임이 더욱더 분명하게 느껴집니다. 이상, 독도에서 나울릉 기자였습니다.

독도 어민 숙소
독도 서도에 위치한 어민 숙소의 모습이다. 숙소 뒤쪽으로 가파른 절벽을 따라 최종덕 씨가 처음 만들었던 998계단이 새로 정비된 상태로 펼쳐져 있다.

부록

일본은 왜 지금도 독도를 자기 땅이라고 주장할까

계속된 일본의 독도 침탈 시도

일본은 1910년에 조선을 식민지로 만들었다. 조선에서 빼앗은 식량과 자원을 발판 삼아 1937년에 중국을 침략하고, 아시아 전체를 전쟁으로 몰아넣었다. 일본의 야심은 여기에 그치지 않았다. 1941년에 하와이의 진주만을 폭격함으로써 미국과도 전쟁을 시작했다. 이를 '아시아·태평양 전쟁'이라고 부른다.

  일본은 세계 최초로 두 번의 원자 폭격을 맞았고, 1945년 8월에 연합국에 무조건 항복했다. 일본이 패망하면서 식민지였던 나라들이 독립했다. 우리나라도 독도를 비롯해 식민지가 되기 전의 영토를 모두 되찾았다. 그리고 1947년 맥아더의 연합국 사령부는 '맥아더 라인'을 선포하였다. 일본 어선은 독도로부터 '12마일 이내에 접근해서는 안 되며, 또한 이 섬과의 일체의 접촉은 허용되지 않는다.'는 내용이었다.

  한편 유럽에서 제2차 세계 대전이 끝날 무렵, 전 세계적으로 자본주의와 사회주의의 대립이 심해졌다. 아시아에서는 중국과 북한이 사회주의 정부를 세웠다. 또한 1950년 6월 25일, 소련을 등에 업은 북한이 38도선을 넘어 남한을 침공했다. 이렇게 동아시아의 정치적 상황이 이전과 완전히 달라지자, 미국은 자신이 점령한 일본을 다시 일으켜 세워 공산주의를 막는 방패로 이용하기로 마음먹었다.

1951년 9월 8일, '대일평화조약'이 체결되었다. 원래는 일본에게 아시아·태평양 전쟁을 일으킨 책임을 묻고 주변 국가들에게 배상을 하게 만들 계획이었지만, 대일평화조약은 일본에게 매우 너그러운 내용을 담고 있었다. 앞에서 말했듯이 미국이 일본을 공산주의의 방패로 삼았기 때문이다. 자신에게 유리하게 조약을 맺은 덕택에 일본은 전쟁의 책임에서 완전히 벗어나 새로운 나라로 거듭났다. 그러나 일본의 식민지였거나 전쟁의 피해를 입은 한국과 중국 등 아시아 여러 나라의 요구들은 받아들여지지 않았다. 일본에게 침략을 당한 나라의 영토 문제 역시 일본에 유리하게 처리되었다.

대일평화조약에서 한국의 영토에 관한 조항은 이렇다. "일본은 한국의 독립을 승인하고, 제주도·거문도·울릉도 등을 포함한 한국에 대한 모든 권리를 포기한다." 이후 일본 정부는 이 조약문에

'독도'라는 글자가 빠져 있기 때문에 독도가 여전히 자신들의 영토라고 주장하기 시작했다. 하지만 연합국은 이 조약문을 만들 때 사람이 살지 않는 무인도에 관해서는 누구의 영토인지 결정하지 않기로 했다. 다시 말해, 이 조약은 독도에 관해 어떠한 결정도 하지 않았다.

독도는 일본이 1904년에 불법으로 자신의 영토로 편입시켰지만, 1945년 해방과 함께 한국의 영토로 회복되었다. 그리고 1951년에 대일평화조약에서 독도가 어느 나라의 영토인지를 다루지 않았다. 따라서 독도는 의심의 여지 없이 한국의 영토였다.

하지만 일본은 억지 주장을 반복하면서 독도를 영토 분쟁 지역으로 만들고자 했다. 한국 정부가 6·25 전쟁으로 독도를 신경 쓰지 못하는 틈을 타 자신들의 영토에 편입시키려고 한 것이었다. 한마디로 불난 집에 들어가 물건을 훔쳐 오는, 정상적인 국가라면 하지 못할 부도덕한 행동이었다.

독도를 실제로 지배하기 위해서는 무엇보다도 독도에 한국인이 출입하지 못하게 할 수 있어야 했다. 일본은 1953년부터 한국 영해를 불법적으로 침범해 독도에 도달하기 시작했다. 순시선을 이용해 배를 타고 조업하는 어민들을 위협하고, 뭍에 상륙하여 일본 영토라고 적힌 표지판을 꽂아 놓아두었다.

1954년, 독도 의용 수비대가 활동하면서부터 일본의 도발 행동은 어려워졌다. 수비대가 첫 임무로 일본 순시선 즈가루호를 퇴치한 것이 그 시작이었다. 그런데 훨씬 더 강한 무기와 최신식 장비를 갖춘 일본 순시선이 아무런 행동을 하지 못하고 물러난 까닭은 무엇일까?

일본은 1945년 연합국에 무조건 항복을 한 뒤, 미국의 통치를 받으면서 '평화헌법'을 제정했다. 평화헌법에 따르면, 일본은 자신의 군대를 갖지 못하고 외국을 공격할 수도 없었다. 또한 운 좋게 전쟁의 책임을 벗은 일본이 다시 옛 식민지 국가를 군사적으로 침범했다는 사실이 알려지면 국제적으로 큰 비난을 면하기 어려웠다. 그러나 이러한 여러 가지 복잡한 사정에도 불구하고 일본은 연이어 독도를 침범했다.

독도가 자기네 영토라는 주장은 일본이 조선을 식민지로 만들었던 역사에서 비롯한다. 주변 국가를 침략한 행동을 반성하지 않는 일본의 일부 정치인들과 국민들이 여전히 독도를 자기네 땅이라고 주장하는 것이다. 그러나 역사는 울릉도에 속한 섬으로서 독도가 우리나라 사람들의 삶터이자 영토임을 충분히 증명하고 있다.

우리 땅 독도를 지킨 용감한 사람들

1판 1쇄 발행일 2021년 7월 28일

지은이 강변구
그린이 신진호

발행인 김학원
발행처 휴먼어린이
출판등록 제313-2006-000161호(2006년 7월 31일)
주소 (03991) 서울시 마포구 동교로23길 76(연남동)
전화 02-335-4422 **팩스** 02-334-3427
저자·독자 서비스 humanist@humanistbooks.com
홈페이지 www.humanistbooks.com
유튜브 youtube.com/user/humanistma **포스트** post.naver.com/hmcv
페이스북 facebook.com/hmcv2001 **인스타그램** @human_kids

편집 박현혜 정은미 **디자인** 기하늘
사진제공 한국학중앙연구원 대한민국역사박물관 국립제주박물관 전통문화포털 울릉군청
용지 화인페이퍼 **인쇄** 삼조인쇄 **제본** 정민문화사

글 ⓒ 강변구, 2021   그림 ⓒ 신진호, 2021

ISBN 978-89-6591-429-7 73910

- 이 책은 저작권법에 따라 보호받는 저작물이므로 무단 전재와 무단 복제를 금합니다.
- 이 책의 전부 또는 일부를 이용하려면 반드시 저작권자와 휴먼어린이 출판사의 동의를 받아야 합니다.
- **사용 연령 8세 이상** 종이에 베이거나 긁히지 않도록 조심하세요. 책 모서리가 날카로우니 던지거나 떨어뜨리지 마세요.